DIEU
A
PARLÉ
À NOUVEAU

UN LIVRE DU
NOUVEAU MESSAGE
DE DIEU

DIEU
A
PARLÉ
À NOUVEAU

TEL QUE RÉVÉLÉ À
Marshall Vian Summers

DIEU
A
PARLÉ
À NOUVEAU

Édité par Darlene Mitchell
Couverture et intérieur conçus par Reed Summers

ISBN: 978-1-942293-06-4 print book   ISBN: 978-1-942293-07-1 ebook

NKL POD Version 1.5
Library of Congress Control Number: Version 2014919201

Édition originale en Anglais :
Publisher's Cataloging-in-Publication
(Provided by Quality Books, Inc.)

Summers, Marshall Vian.
    God has spoken again / as revealed
to Marshall Vian Summers.
    pages cm
    LCCN 2014919201
    ISBN 978-1-942293-00-2 (English POD)
    ISBN 978-1-942293-01-9 (English ebook)

    1. Society for the New Message--Doctrines.
    2. Spiritual life--Society for the New Message.
    I. Society for the New Message.
    II. Title.
        BP605.S58S8195 2014   299'.93
                                           QBI14-600186

Dieu a parlé à nouveau est un livre du Nouveau Message de Dieu et est publié par la *New Knowledge Library*, la maison d'édition de la *Society for the New Message*. La *Society* est une organisation religieuse à but non lucratif dédiée à la présentation et à l'enseignement d'un Nouveau Message pour l'humanité. Les livres de la *New Knowledge Library* peuvent être commandés à www.newknowledgelibrary.org, chez votre libraire et chez de nombreux marchands en ligne.

Le Nouveau Message est étudié dans 20 langues et dans plus de 92 pays. Dieu a parlé à nouveau a été traduit en 18 langues par un groupe d'étudiants dévoués venant d'un peu partout dans le monde qui se sont portés volontaires pour sa traduction. Ces traductions seront disponibles en ligne sur www.newmessage.org.

The Society for the New Message
P.O. Box 1724 Boulder, CO 80306-1724
(303) 938-8401 (800) 938-3891
011 303 938 84 01 (International) (303) 938-1214 (fax)
newmessage.org newknowledgelibrary.org
email: society@newmessage.org

*N*ous parlerons de Dieu, l'Autorité Supérieure.

───────────

L'Autorité Supérieure s'adresse maintenant à vous, en parlant par l'intermédiaire de la Présence Angélique, en s'adressant à une partie de vous qui est le centre et la source même de votre Être.

───────────

L'Autorité Supérieure a un Message pour le monde et pour chaque personne dans le monde.

───────────

L'Autorité Supérieure vous appelle, elle vous appelle à travers les Anciens Couloirs de votre esprit, elle vous appelle au-delà de vos croyances et de vos préoccupations.

───────────

*C*ar Dieu a parlé à nouveau
Et la Parole et le Son sont dans le monde.

Extrait de Dieu a parlé à nouveau
Chapitre 3 : L'Engagement

DIEU
A
PARLÉ
À NOUVEAU

———∞———

TABLE DES MATIÈRES

À PROPOS DU PROCESSUS DE TRADUCTION

*L*e Messager, Marshall Vian Summers, reçoit le Nouveau Message de Dieu depuis 1983. Le Nouveau Message de Dieu est la plus grande Révélation jamais donnée à l'humanité, une Révélation donnée à présent à un monde qui sait lire, à un monde de communications mondiales et dont la conscience planétaire grandit. Le Message n'est pas donné pour une seule tribu, une seule nation ou une seule religion, mais est au contraire destiné à atteindre le monde entier. Pour cette raison, il est appelé à être traduit dans autant de langues que possible.

Le Processus de Révélation est maintenant révélé pour la première fois dans l'histoire. Lors de ce processus remarquable, la Présence de Dieu communique au-delà des mots à l'Assemblée Angélique qui veille sur ce monde. L'Assemblée traduit alors cette communication en un langage humain et ses membres parlent tous d'une seule voix à travers leur Messager, dont la voix devient alors le véhicule de cette plus grande Voix – la Voix de la Révélation. Ces paroles sont prononcées en anglais et directement enregistrées sous forme audio, puis transcrites et publiées sous la forme des textes et des enregistrements audio du Nouveau Message. De cette manière, la pureté d'origine du Message de Dieu est préservée et peut être donnée à tous.

Cependant, il y a encore un processus de traduction qui s'ajoute à cela. Parce que la Révélation originale a été donnée en langue anglaise, c'est à partir de cette dernière que la Révélation est traduite dans les nombreuses langues de l'humanité. Parce qu'il existe de nombreuses langues parlées dans notre monde, les traductions sont un besoin vital pour apporter le Nouveau Message aux gens du monde entier. Au fil du temps, des étudiants du Nouveau Message se sont portés volontaires pour traduire le Message dans leurs langues natales.

À cette époque de l'histoire, la *Society* n'a pas les moyens de payer la traduction d'un Message si vaste en de si nombreuses langues ; un Message qui doit atteindre le monde impérativement et sans attendre. Au-delà de cela, la *Society* considère également qu'il est important que ses traducteurs soient des étudiants du Nouveau Message afin qu'ils comprennent et ressentent, autant que possible, l'essence de ce qui est traduit.

Étant donné l'urgence et le besoin de partager le Nouveau Message dans le monde entier, nous invitons davantage de personnes à nous aider à le traduire, afin de pouvoir étendre sa portée dans le monde, à la fois en poursuivant sa traduction dans les langues dans lesquelles elle a déjà commencé et en l'étendant à de nouvelles langues. Il reste encore tant à faire !

INTRODUCTION

Ce livre contient les premiers mots d'un Nouveau Message de Dieu. Dans les pages qui suivent, Dieu s'adresse à nouveau à l'humanité, apportant un avertissement, une bénédiction et une préparation pour le grand changement qui arrive sur le monde.

Dieu a parlé à nouveau à une époque de grand besoin et de grande difficulté dans le monde entier. C'est la réponse Divine aux crises grandissantes issues de la guerre, à un changement climatique inexorable, aux conflits religieux, et à l'escalade de la souffrance et de la privation partout dans le monde.

Le Nouveau Message de Dieu est une communication vivante que Dieu adresse au cœur de tout homme, de toute femme et de tout enfant sur Terre. La Parole et le Son sont à nouveau dans le monde. Nous vivons à une époque de Révélation.

Le Nouveau Message de Dieu n'est pas arrivé dans le monde par les autorités et les institutions religieuses actuelles. Il n'est pas venu aux dirigeants des religions ou à ceux qui amassent la gloire et la reconnaissance des autres.

Au lieu de cela, le Nouveau Message de Dieu est arrivé dans le monde comme il l'a toujours fait. Il est venu sans faire de bruit, sans qu'on l'attende ni qu'on l'annonce. Il a été donné à un homme humble choisi et envoyé dans le monde pour cette seule tâche, pour être un Messager pour l'humanité à ce grand tournant.

Bien qu'il ait l'apparence d'un simple livre, Dieu a parlé à nouveau est quelque chose de bien plus grand. Il s'agit du commencement d'une communication vivante de Dieu à vous. Dans les pages de ce livre, la Présence de Dieu vous appelle vous, ainsi que chaque personne. Elle vous appelle à vous réveiller du rêve et du cauchemar qu'est la vie dans la Séparation, lorsqu'on est coupé de sa Source. Elle vous appelle à travers les Anciens Couloirs de votre esprit à venir vers la présence et le pouvoir spirituels qui vivent en vous et qui attendent d'être découverts.

C'est cette présence spirituelle à l'intérieur de vous qui confirmera la vérité et l'authenticité du Nouveau Message de Dieu. Ici, le mental pourra douter et lutter avec le don et le défi de la Nouvelle Révélation, mais votre cœur saura. À ce niveau plus profond, vous n'aurez pas besoin d'être convaincu – la vérité vous sera évidente.

Dieu a-t-il parlé à nouveau ? Est-ce là le Message que vous avez cherché ? Lisez les paroles de Révélation dans ce livre et, à un niveau plus profond, vous saurez que le Message est réel, honnête et pur, même s'il est différent de ce que vous croyez en ce moment. C'est ce savoir et cette confirmation intérieurs qui peuvent vous remémorer la profondeur et le pouvoir de votre connexion à Dieu.

Ce que vous tenez dans vos mains est un livre de Révélation. Les mots de ce texte sont une communication directe de Dieu, traduite en un langage humain par la Présence Angélique qui veille sur le monde, et ensuite parlée par leur Messager Marshall Vian Summers.

Le Nouveau Message de Dieu est la plus vaste Révélation jamais donnée à l'humanité, une Révélation donnée à présent à un monde sachant lire et écrire, un monde de communication mondiale et dont la conscience mondiale se développe. Ce n'est pas un message donné pour une seule tribu, une seule nation ou une seule religion. Il doit au contraire parvenir au monde entier, un monde très différent de l'ancien monde des Messagers précédents. Jamais auparavant n'y a-t-il eu une Révélation Divine de cette profondeur et de cette ampleur, donnée par Dieu à tous les peuples du monde, durant le temps de la vie du Messager.

Au centre du Nouveau Message de Dieu se trouve la Voix de la Révélation originelle, qui a prononcé chaque mot de chaque livre du Nouveau Message. Jamais auparavant la Voix de la Révélation, la Voix qui a parlé aux Messagers et aux Prophètes du passé, n'avait-elle été enregistrée dans sa pureté originelle et rendue disponible pour que chaque personne puisse l'entendre et en faire l'expérience par elle-même. De cette manière, la Parole et le Son sont à nouveau dans le monde.

Dans ce processus remarquable de Révélation parlée, la Présence de Dieu communique au-delà des mots à l'Assemblée Angélique qui veille sur le monde. L'Assemblée traduit alors cette communication en langage humain et parle d'une seule voix par l'intermédiaire de son Messager, dont la voix devient le véhicule de cette plus grande Voix – la Voix de la Révélation.

Les paroles de cette Voix ont été enregistrées sous forme audio, puis transcrites, et sont maintenant rendues disponibles dans les textes et les enregistrements audio du Nouveau Message. De cette manière, la pureté du Message originel de Dieu est préservée et donnée à tous dans le monde.

Le Messager a emprunté un chemin long et difficile pour apporter le Nouveau Message de Dieu dans le monde. Le processus de Révélation a commencé en 1982 et continue à ce jour.

Actuellement, le Messager est engagé dans la compilation de plus de trois décennies de Révélation parlée sous la forme d'un texte final et complet. Le Nouveau Message sera ultimement contenu en six volumes et peut-être davantage. Chaque volume contiendra deux livres ou plus, et chaque livre sera organisé en chapitres et en versets. Ainsi, le Nouveau Message de Dieu sera structuré de la façon suivante : Volume > Livre > Chapitre > Verset.

Dieu a parlé à nouveau est le Livre 1 contenu dans le Volume 1 du Nouveau Message de Dieu. Ce texte contient ainsi les premiers mots du Nouveau Message de Dieu et constitue le premier livre dans la bibliothèque grandissante de la Nouvelle Révélation.

Dieu a parlé à nouveau contient 14 révélations individuelles, compilées en ce livre par le Messager. De fait, le lecteur doit comprendre que ce livre n'est pas une série de chapitres reçus dans cet ordre, mais une compilation de révélations parlées individuelles reçues à différents moments et à différents endroits.

Afin d'apporter cette communication parlée sous une forme écrite, de légers ajustements textuels et grammaticaux ont été effectués par le Messager. Ceci lui a été demandé par l'Assemblée Angélique pour faciliter la compréhension du lecteur et pour communiquer le Message en accord avec les normes grammaticales de la langue anglaise écrite.

Dans certains cas, le Messager a inséré un mot qui n'a pas été parlé à l'origine dans la Révélation. Ce mot se trouvera alors inséré [entre crochets.] Considérez ces insertions entre crochets comme des clarifications directes du Messager, placées dans le texte par lui seul de façon à s'assurer que les ambiguïtés dans la communication parlée ne soient pas à l'origine de confusions ou d'interprétations incorrectes du texte.

Dans certains cas, le Messager a enlevé un mot pour rendre le texte plus lisible. Ceci a généralement été fait dans le cas de certaines conjonctions (telles que les mots *et*, *mais*) qui rendaient le texte maladroit ou grammaticalement incorrect.

Le Messager seul a effectué ces légers changements et seulement dans le but de transmettre la communication parlée originelle avec la plus grande clarté possible. Le sens et l'intention originels de la communication n'ont en rien été altérés.

Le texte de ce livre a été structuré par le Messager en versets. Chaque verset signale à peu près le début ou la fin d'un sujet distinct ou d'un point du message communiqué par la Source.

La structure en versets du texte permet au lecteur d'accéder à la richesse du contenu et à ces messages subtils qui pourraient autrement être manqués dans des paragraphes plus longs communiquant des sujets multiples. De cette façon, à chaque sujet et à chaque idée communiqués par la Source est donnée sa place, lui permettant de parler, depuis la page, directement au lecteur. Le Messager a déterminé que cette structuration du texte en versets était la façon la plus efficace et la plus fidèle de restituer les révélations parlées originelles du Nouveau Message.

Le rendu de ce texte est en accord avec la volonté et l'intention d'origine du Messager. Nous avons ici le privilège d'être les témoins du processus de compilation entrepris par le Messager, en son temps et de sa main. Cela contraste avec le fait que les grandes traditions précédentes n'ont pas été mises sous forme écrite par leurs Messagers, laissant la Révélation d'origine vulnérable aux modifications et à la corruption au fil du temps.

Ici, le Messager scelle dans leur pureté les textes du Nouveau Message de Dieu et les offre, à vous, au monde et aux générations futures. Que ce livre soit ouvert aujourd'hui ou dans 500 ans, la communication originelle de Dieu émanera de ces pages avec la même intimité, la même pureté et le même pouvoir que le jour où elle fut reçue.

Dieu a parlé à nouveau est le commencement d'une communication vivante de Dieu à l'humanité. Les chapitres de ce livre sont comme des respirations dans cette communication. Dieu en appelle ici à l'humanité ; appelant dans le monde chaque nation, chaque culture et chaque communauté religieuse ; appelant dans les couloirs des gouvernements et des religions ; appelant dans les endroits les plus sombres où la souffrance intérieure et la privation physique sont les plus intenses ; appelant le pouvoir spirituel de l'humanité à émerger et l'humanité à s'unir et à coopérer suffisamment pour se préparer aux grands défis auxquels elle est maintenant confrontée.

Par miracle, vous avez trouvé le Nouveau Message de Dieu, ou bien est-ce lui-même qui vous a trouvé. Ce n'est pas là le fruit de la coïncidence. Dieu lance maintenant son appel dans le monde et cet appel vous a trouvé.

Ici s'ouvre le chapitre suivant du mystère de votre vie et de votre présence dans le monde à cette époque. La porte s'ouvre devant vous. Vous n'avez qu'à entrer pour commencer.

A mesure que vous entrerez plus en profondeur dans la Révélation, son impact sur votre vie grandira, amenant une plus grande expérience de clarté, de certitude intérieure et de vraie direction à votre vie. Avec le temps, vos questions recevront leurs réponses, à mesure que vous douterez moins de vous-même et que vous vous libérerez des conflits intérieurs et des freins du passé. Le Pouvoir du Ciel s'adresse à vous directement, pour vous révéler la grande vie que vous avez toujours été destiné à vivre.

New Knowledge Library

CHAPITRE 1

LA PROCLAMATION

*Tel que révélé
à Marshall Vian Summers
le 7 juillet 2006
à Boulder, Colorado*

Un Nouveau Message de Dieu est dans le Monde.

Il vient du Créateur de toute vie.

Il a été traduit dans un langage et un entendement humains par la Présence Angélique qui veille sur ce monde.

Il continue les grandes séries de transmissions du Créateur qui se sont déroulées pendant des siècles et des millénaires.

C'est un Nouveau Message pour ce temps et pour les temps à venir.

Il accomplit les grands Messages qui ont été délivrés précédemment à l'humanité, et cependant, il révèle des choses qui n'ont jamais été montrées à l'humanité auparavant. Car à présent l'humanité fait face à un ensemble de défis graves et périlleux, qui proviennent à la fois de l'intérieur du monde et de l'extérieur du monde.

Le Nouveau Message de Dieu est là pour susciter force et ressource en la famille humaine, pour l'alerter et pour la préparer. Il s'adresse aux gens de toutes les nations et de toutes les traditions religieuses, de toutes les tribus, de tous les groupes et de toutes les orientations.

Il est venu en un temps de grande nécessité, à une époque lourde de conséquences. Il vient préparer les gens à des choses qui n'ont pas même encore été reconnues.

Il est prophétique, parce qu'il avertit les gens concernant les Grandes Vagues de Changement qui arrivent sur le monde et parce qu'il alerte l'humanité quant à sa situation dans l'univers, tout particulièrement en ce qui concerne votre contact avec d'autres races.

Il fait appel à la grande présence spirituelle en chaque personne – ce grand don de la Connaissance donné à la famille humaine toute entière et qui doit maintenant être cultivé, renforcé et mis en avant.

Il parle du grand besoin spirituel de l'individu : le besoin de but, de sens et de direction.

Il parle des grandes relations que les gens ont la capacité de tisser entre eux, ces relations qui représentent le but supérieur de leur vie.

Il parle des besoins du monde et des besoins de l'avenir. Ce faisant, il apporte raison d'être et reconnaissance, unité et coopération, sagesse et force à tous ceux qui peuvent le recevoir, qui peuvent l'apprendre, qui peuvent suivre ses pas, qui peuvent y contribuer en le communicant à d'autres et en partageant sa sagesse au service d'autres individus, familles, communautés, nations et au service du monde entier.

Recevez cette bénédiction. Prenez connaissance du Nouveau Message de Dieu. Réalisez qu'il confirmera ce qui est authentique dans vos traditions actuelles et qu'il parlera à la sagesse plus profonde que vous possédez déjà. Il parlera à votre cœur, par-delà même vos pensées et vos croyances et par-delà les pensées et croyances de votre culture ou de votre nation.

Recevez ce don et prenez-en connaissance patiemment, en faisant les pas vers la Connaissance, en apprenant la sagesse de la Grande Communauté et en reconnaissant le pouvoir qu'a la Spiritualité Unique de l'humanité d'unir, de renforcer et de préparer l'humanité à reconnaître les temps difficiles à venir et à les traverser.

Recevez le Nouveau Message dans son appel à la préservation et au renforcement de la liberté, de la coopération et de la responsabilité humaines.

Car sans ce Nouveau Message, l'humanité est confrontée à un déclin grave et précipité.

Elle est confrontée à la perte de sa liberté et de sa souveraineté dans ce monde au profit de forces d'intervention provenant de l'univers qui vous entoure.

Sans ce Nouveau Message, l'esprit humain restera en dormance et les gens mèneront des vies de désespoir, de compétition et de conflit.

C'est la volonté du Créateur, que l'humanité émerge dans la Grande Communauté de vie intelligente dans l'univers en tant que race libre et souveraine – en tant que race forte, en tant que race unie, en tant que race capable de maintenir sa diversité culturelle, tout en honorant la force et le dessein plus profonds qui assureront la force du monde et maintiendront la vitalité, le dynamisme et la créativité de la famille humaine, présentant une nouvelle opportunité de progrès dans l'avenir.

Mais pour avancer vous devez d'abord survivre. Vous devez survivre aux temps difficiles qui viennent et vous devez survivre à la compétition venant d'au-delà de ce monde pour le contrôle de ce monde et de sa destinée.

Chaque individu doit reconnaître qu'il a ici une grande opportunité de découvrir la Connaissance plus profonde que Dieu lui a donnée – cette Connaissance qui recèle son but, son sens et sa direction, ainsi que les critères de toutes ses relations significatives.

Par conséquent, il y a un Nouveau Message de Dieu pour l'individu, et il y a un Nouveau Message de Dieu pour le monde tout entier. Il est maintenant ici.

Il aura fallu longtemps au Messager pour le recevoir, car le Message est très grand.

Honorez donc celui qui est venu pour apporter le Nouveau Message dans le monde.

C'est un homme humble. Il a développé la sagesse nécessaire pour endosser ce grand rôle, et il a été envoyé dans le monde à cette fin.

Recevez-le. Comprenez-le. Ne l'idolâtrez pas. Il n'est pas un dieu. Il est un Messager qui apporte le Nouveau Message de Dieu dans le monde. C'est à présent le moment. C'est la grande opportunité. C'est la réponse aux prières de gens du monde entier – des prières émanant de toutes les traditions religieuses, de toutes les nations et de toutes les cultures, des prières pour la sagesse, la force, l'unité, la liberté et la délivrance.

Recevez ce Nouveau Message à présent. Il est arrivé, et il est arrivé juste au bon moment.

CHAPITRE 2

LA RÉCITATION

Tel que révélé
à Marshall Vian Summers
le 1er avril 2011
à Boulder, Colorado

Dieu a parlé à nouveau.

Nous sommes ceux qui apportent le Message. La Volonté de Dieu est présentée par Notre Intermédiaire. Nous dépassons vos estimations, vos théories religieuses et vos spéculations personnelles. Car l'imagination humaine ne peut élaborer qu'à partir de ses expériences vécues dans le monde physique. Mais la réalité existe au-delà de cela – au-delà du domaine et de la portée de l'intellect. Telle est la vérité partout dans l'univers, la Grande Communauté de vie au sein de laquelle vous vivez.

Nous apportons le Grand Message pour cette ère, issu du Créateur de tous les univers, pour la protection de l'humanité, pour le salut du monde. Nous sommes ceux que vous ne pouvez comprendre. Nous sommes cependant la source et l'intermédiaire, apportant ce dont l'humanité doit prendre conscience et ce qu'elle doit faire dans son propre intérêt, ce qu'elle doit voir, ce qu'elle n'a pas vu, ce qu'elle doit savoir, ce qu'elle n'a pas su, ce qu'elle doit faire, ce qu'elle n'a pas fait.

Tel est le Message pour cette ère. Voici le temps de la Révélation.

Quelqu'un a été envoyé dans le monde pour recevoir la Révélation et la porter à la conscience de l'humanité – une tâche colossale.

Recevoir le Nouveau Message signifie recevoir la plus grande Révélation qui ait jamais été donnée à la famille humaine. Le présenter au monde est une tâche colossale, une tâche pour le Messager et pour tous ceux qui l'aideront à apporter la Révélation partout où elle est nécessaire.

Elle est nécessaire partout, car l'humanité se trouve face à un grand péril. L'humanité a semé les graines de sa propre extinction en détruisant et en dégradant son environnement – l'eau, le sol, l'air – à un point tel que le monde lui-même commence à changer ; un changement qui générera de grandes épreuves et de grandes tribulations pour chacun et pour la famille humaine dans son ensemble.

L'humanité fait face à un univers de vie intelligente. Elle doit se préparer à cela maintenant, car le contact a déjà commencé – un contact établi par ceux qui y voient une occasion de tirer profit d'une humanité faible et en conflit.

C'est une époque de grand changement et de grande incertitude, durant laquelle des puissances étrangères chercheront à gagner en influence, et durant laquelle l'humanité sera en proie à sa propre ignorance, à sa bêtise et à ses excès.

Le Message est trop grand pour être exprimé en une seule phrase, mais il vous rapprochera de Dieu et de ce que Dieu vous a envoyé faire ici et maintenant, en tant qu'individu dans le monde, et qui représente quelque chose de bien différent de ce que vous croyez et de ce que vous imaginez actuellement. Dieu a apporté la Sagesse de l'univers pour préparer l'humanité à l'univers.

Dieu a apporté l'essence de la spiritualité dans une forme pure – une forme qui n'est pas obscurcie par l'histoire et par les manipulations humaines, qui n'est pas entravée par les politiques, la volonté et la corruption de l'humanité. Nous apportons les Pas vers la Connaissance, afin que vous puissiez connaître le profond esprit que Dieu a placé en vous pour vous guider dans un monde de plus en plus périlleux.

De grands bouleversements vont maintenant avoir lieu et ont déjà commencé à se produire – des catastrophes naturelles causées par l'ignorance, la surexploitation et la mauvaise gestion du monde par l'humanité.

C'est l'heure de faire le bilan, l'heure d'être responsable, l'heure de mettre fin à la bêtise et à l'arrogance. Seul Dieu sait ce qui vient.

Et Nous avons apporté le Message – un Message fait de mille messages, un Message fait de mille enseignements, un Message assez grand pour vous occuper toute votre vie, un Message si grand qu'il peut rediriger les efforts, l'énergie et la conscience de l'humanité afin que celle-ci puisse avoir un avenir plus grand que son passé, afin que l'humanité puisse survivre aux Grandes Vagues de changement ainsi qu'à l'intervention et à la compétition provenant de l'univers qui vous entoure. Entendez donc ceci, non pas avec vos idées, vos croyances ou vos jugements, mais avec le profond esprit que Dieu vous a donné afin que vous puissiez entendre, voir, savoir et agir avec plus de certitude.

Nos paroles ne sont pas là pour la spéculation ou le débat. Seuls les imbéciles, qui ne peuvent entendre et ne peuvent voir, se complaisent dans de telles choses.

Vous êtes terrifié par la Révélation, car elle changera votre vie. Mais vous désirez la Révélation, car elle changera votre vie.

C'est le conflit au sein de votre mental qui vous rend aveugle. Ce sont les visées contradictoires qui vous maintiennent dans un état de confusion et vous empêchent de voir. Nous sommes Ceux qui ont apporté toutes les Révélations dans le monde.

Car Dieu ne parle pas. Dieu n'est pas une personne ou un personnage ou une personnalité ou une conscience singulière. Penser ainsi est sous-estimer le Créateur et vous surestimer vous-même. C'est Nous qui avons parlé à Jésus et au Bouddha, à Mohammed et aux autres enseignants et prophètes qui ont apporté plus de clarté au monde – aux prophètes de chaque époque et aux Messagers qui viennent seulement lors des grands tournants pour l'humanité.

Vous ne pouvez pas Nous vénérer. Vous ne connaîtrez pas Nos noms. Car vous devez à présent devenir responsables et utiliser les compétences et le pouvoir que le Créateur vous a donnés pour servir un monde dont les besoins s'accroissent et qui se trouve en proie à de plus en plus de troubles et de bouleversements.

Ne vous prosternez pas devant le Créateur si vous refusez de mener à bien ce que vous avez été envoyé faire ici, si vous ne pouvez pas faire les Pas vers la Connaissance, si vous avez l'arrogance de croire que vous pouvez déterminer votre sort, votre destinée et votre accomplissement.

Ne soyez pas hypocrite. Ne tombez pas à genoux et ne vénérez pas le Dieu que vous ne pouvez pas servir ou que vous ne voulez pas servir. Mieux vaut alors vivre votre vie selon vos propres plans et faire face à tous les risques qui accompagnent cela, plutôt que de vénérer un Dieu que vous ne pouvez pas servir.

Et si vous ne pouvez pas répondre à la Révélation, alors qu'êtes-vous en train de faire là maintenant ?

Tous les Messagers ont été persécutés. Tous les Messagers ont été mal compris. Chaque Nouvelle Révélation a été confrontée à la résistance, au déni et à la contestation.

Il n'y pas de temps pour cela maintenant. Le sort de l'humanité sera déterminé au cours des vingt prochaines années – la condition du monde, la condition de la famille humaine, le sort et l'avenir de la civilisation humaine.

Vous n'êtes plus seuls dans le monde ou même dans l'univers, bien sûr. Vous ne savez pas ce qui se passe, ni ce qui vient au-delà de l'horizon, car vous êtes trop effrayés pour voir et trop arrogants, pensant savoir. C'est pourquoi la Révélation doit être apportée, afin de vous montrer ce que vous ne pouvez pas voir et ce que vous ne connaissez pas au-delà des spéculations et des évaluations humaines. Ceci est enchâssé dans tous les Enseignements du Nouveau Message.

Voici le Nouveau Message. Si vous luttez contre cela, vous lutterez contre votre propre capacité à reconnaître les choses.

Car vous devez parvenir à connaître le grand esprit et la grande force que le Créateur vous a donnés.

Ce qui a été enseigné dans toutes les religions, mais qui a été brouillé et obscurci par toutes les religions, cela doit à présent être reconnu.

Dieu ne gère pas le monde. Dieu ne crée pas les catastrophes, les tempêtes, les tremblements de terre, les inondations et les sécheresses.

Dieu observe pour voir comment l'humanité affrontera un monde qu'elle a elle-même changé – un nouveau monde, un monde nouveau et imprévisible.

L'humanité émerge au sein d'une Grande Communauté de vie dans l'univers, car d'autres sont ici pour chercher à influencer et à dominer un monde d'une grande valeur et d'une grande importance.

Mais les gens ne voient pas. Ils n'entendent pas. Et si jamais ils réfléchissent, c'est pour créer une interprétation qui affirme leurs idées et leurs croyances.

Ainsi les peuples ne voient pas. Les nations ne se préparent pas. Et les comportements destructeurs continuent.

Nous veillons sur le monde. Nous observons depuis bien longtemps.

Nous sommes ceux que Dieu a envoyés pour veiller sur le développement et l'évolution de l'humanité et pour recevoir les Révélations qui sont ensuite passées aux Messagers, pour recevoir les visions qui sont passées aux prophètes, pour sonner les avertissements, pour apporter les bénédictions et, à présent, pour apporter une préparation à un monde différent de celui dont vous avez fait l'expérience jusqu'ici, une préparation à un avenir dans lequel l'humanité devra composer avec la Grande Communauté elle-même.

Dieu ne sauvera pas l'humanité en repoussant le mal, en mettant une fin aux problèmes que l'humanité a créés ou aux problèmes qu'elle doit affronter et qui font naturellement partie de son évolution.

Si vous pensez cela, alors vous avez mal compris votre relation avec le Divin, car vous vivez actuellement dans un état de Séparation. Mais la Séparation n'a jamais été achevée, car une partie de vous est encore liée à Dieu.

Nous l'appelons la Connaissance. Et elle s'avérera le facteur décisif de l'issue de votre vie personnelle – du sens et de la valeur de votre vie – et elle sera décisive pour déterminer si l'humanité pourra se préparer, s'adapter et créer dans un monde nouveau, dans un nouvel ensemble de circonstances. Une telle Révélation n'avait encore jamais été donnée à la famille humaine, car elle n'était pas nécessaire.

Vous avez créé une civilisation dans le monde. Elle est certes fracturée et divisée, mais c'est une civilisation.

Vos nations et vos cultures sont devenues de plus en plus interdépendantes. Telle était l'intention du Créateur, car telle est l'évolution naturelle de l'humanité et de toutes les races intelligentes de l'univers.

Vous devez à présent faire face au prochain grand seuil : un monde en déclin, un monde dont les ressources diminuent, un monde de moins en moins stable, un monde où l'eau et la nourriture s'amenuisent, un monde où une humanité en expansion sera confrontée aux conditions du monde. Pour cela vous avez besoin de la Nouvelle Révélation.

Les Révélations antérieures du Créateur ne peuvent vous préparer aux Grandes Vagues de changement. Elles ne peuvent pas vous préparer à votre destinée dans la Grande Communauté. Elles ne peuvent pas vous préparer aux grands seuils qui se présentent maintenant et qui se présenteront de plus en plus à vous.

Vous n'avez pas de réponses face à ces choses. C'est pourquoi la Révélation est offerte. Car à présent l'humanité a besoin d'être conseillée et avertie, d'être bénie et préparée à un avenir qui ne ressemblera pas au passé.

Entendez ces mots, non pas avec votre intellect mais avec votre cœur. Ils s'adressent à une plus grande vérité en vous – une grande vérité au-delà des concepts, des croyances et des idées.

Ils parlent avec une résonance naturelle en vous, une affinité naturelle, une inclination naturelle, une direction naturelle qui demeure en vous à chaque instant, au-delà du domaine et de la portée de l'intellect.

Il s'agit d'une communication qui s'adresse à votre nature profonde – pour l'amplifier, l'invoquer, la mettre en contraste avec vos idées, vos croyances et vos activités actuelles.

Vous n'êtes pas préparé. Dieu a envoyé la préparation.

Vous n'êtes pas conscient. Dieu apporte la conscience.

Vous êtes incertain. Dieu vous appelle au cœur de la certitude qui est en vous.

Vous êtes en conflit. Dieu fournit le chemin pour sortir du conflit.

Vous vous rabaissez et vous rabaissez les autres. Dieu vous restitue votre véritable valeur et votre véritable but dans le monde.

Le monde est en train de changer, mais vous ne voyez pas. Dieu vous a donné les yeux pour voir et les oreilles pour entendre, mais tout cela est bien différent de ce que vous faites actuellement et de ce que vous comprenez actuellement.

LA RÉCITATION

L'humanité échouera sans la Nouvelle Révélation. Sans la Révélation, le monde deviendra toujours plus sombre, il deviendra plus dangereux et connaîtra plus de conflits.

L'humanité vacillera et échouera face à ses propres erreurs et à son manque de lucidité.

Les ressources du monde seront épuisées par les conflits, la compétition et la guerre. Les gens se soulèveront contre leurs gouvernements. Les gens se soulèveront les uns contre les autres. Des conflits indicibles se produiront dans l'avenir, plus grands et continus que tout ce que vous avez vu auparavant.

C'est la Nouvelle Révélation qui détient les ingrédients qui manquent à votre compréhension, la clé de votre conscience et la source de votre pouvoir, de votre force et de votre détermination.

Pour cela, vous devez faire preuve de sérieux, prendre votre vie au sérieux et commencer à vous occuper des grands besoins et des grandes exigences de votre vie. C'est pourquoi Dieu a envoyé la Révélation.

Ceci est la Révélation. Nous sommes la Révélation.

Il n'y a pas de héros à idolâtrer maintenant, personne à déifier, seulement une plus grande responsabilité à assumer et une plus grande sagesse à appliquer.

Il n'y a pas d'échappatoire par l'illumination personnelle. Il n'est pas possible de s'enfuir. Il n'est pas possible de se mentir. Il y a seulement une résonance et une responsabilité plus grandes, un plus grand sacrifice et une plus grande contribution.

Voilà ce qui sauvera le monde. Voilà ce qui préservera la liberté et l'autodétermination de l'humanité dans un univers où la liberté est rare et doit être protégée avec grand soin. C'est ce qui restaurera à l'individu sa dignité et sa capacité à contribuer quelque chose de plus puissant et de plus important, peu importe sa situation. Entendez ces mots – non pas avec vos idées, vos croyances et vos assertions, mais avec votre cœur, votre nature plus profonde. Car Dieu ne peut parler qu'à ce que Dieu a créé en vous. Dieu n'a pas créé votre personnalité sociale. Dieu n'a pas créé vos idées et vos croyances. Dieu n'a pas créé vos décisions, vos échecs et vos regrets.

Dieu ne peut parler qu'à ce que Dieu a créé en vous – quelque chose de plus profond, de plus omniprésent et de plus naturel en vous.

Le Nouveau Message vous appelle. Une fois que vous avez pris conscience de cela, vous devez faire face au défi que constitue cette prise de conscience et à ce que cela signifie pour votre vie.

Les gens rejettent la Révélation parce qu'ils ne veulent pas changer. Ils ne veulent pas avoir à réexaminer leurs croyances, leurs idées et leur position dans la société. Ils ne peuvent pas mettre en doute le Nouveau Message, en vérité. Ils ne peuvent que l'éviter et lutter contre afin de protéger leurs investissements antérieurs et leur ancienne idée d'eux-mêmes.

Qui peut lutter contre la Volonté et la Sagesse du Créateur, si ce n'est sur des bases biaisées ?

Vous verrez ici le dilemme auquel tous les individus font face. Dans quelle mesure veulent-ils vraiment être honnêtes avec eux-mêmes, avec ce qu'ils voient et ce qu'ils savent ? Dans quelle mesure veulent-ils vraiment être conscients d'eux-mêmes, de leur situation et du monde qui les entoure ? Dans quelle mesure veulent-ils être responsables, afin de trouver l'équilibre dans leur vie et afin de prendre les décisions difficiles qu'ils n'ont pas réussi à prendre auparavant ?

Vous verrez ici l'intellect parader comme s'il était une sorte de dieu, alors qu'en fait, il est un serviteur fantastique. Tels sont son dessein et sa conception.

Vous verrez ici l'arrogance et l'ignorance combinées ensemble dans une forme de duperie de soi à laquelle tant de gens adhèrent.

Vous verrez ce qui est grand et ce qui est petit, ce qui est fort et ce qui est faible, ce qui est vrai et ce qui est faux, ce qui est précieux et ce qui fait seulement semblant d'être précieux.

La Révélation dévoile tout.

Elle vous appelle à suivre ce qui est grand en vous et à gérer ce qui est petit. Elle ne fait mention d'aucun compromis à ce sujet.

Vous ne pouvez pas tout avoir. Vous ne pouvez pas avoir votre avenir et votre passé ensemble, parce qu'ils ne sont pas compatibles.

Ce n'est que par la désillusion et l'échec que vous parvenez à voir que vous ne vivez pas la vie que vous êtes censé vivre et que vous n'êtes pas honnête et sincère envers vous-même, ni honnête et sincère envers les autres – un bilan dur mais nécessaire, en un temps d'évaluation, un temps de prise de conscience, un temps de Révélation.

Écoutez ces mots – non pas avec vos idées, vos présupposés ou vos défenses, non pas avec arrogance, fierté ou bêtise, mais avec votre nature profonde, car c'est elle qui doit se révéler à vous.

Cela fait partie de la Révélation.

CHAPITRE 3

L'ENGAGEMENT

*Tel que révélé
à Marshall Vian Summers
le 16 avril 2011
à Boulder, Colorado*

Aujourd'hui nous parlerons de Dieu, l'Autorité Supérieure.

L'Autorité Supérieure s'adresse maintenant à vous, en parlant par l'intermédiaire de la Présence Angélique, en s'adressant à une partie de vous qui est le centre et la source même de votre Être, parlant au-delà de votre conditionnement social, au-delà de vos idées et de vos croyances et des idées et des croyances de votre culture et même de votre religion.

L'Autorité Supérieure a un Message pour le monde et pour chaque personne dans le monde. Le Message est plus qu'une idée. Il est même plus qu'un ensemble d'idées. C'est un appel et une confirmation, vous appelant à répondre et confirmant qu'il existe une nature plus profonde en vous et en chaque personne du monde. La confirmation est un tournant dans votre capacité à répondre.

Le Pouvoir et la Présence président l'univers physique, un univers bien plus grand et plus expansif que tout ce que vous pourriez imaginer, et même au-delà de l'univers physique jusqu'aux plus grands royaumes de la Création elle-même, ce qui constitue quelque chose que peu de gens dans le monde ont simplement pu considérer comme étant possible.

Et pourtant, l'Autorité Supérieure s'adresse à vous, dans la partie de vous qui est la plus intime, le centre de votre Être, loin sous la surface de votre mental.

C'est votre relation la plus importante et la Source de ce qui donne un sens et un but à toutes vos relations, avec les gens, avec les lieux et même avec les choses.

Vous avez besoin de cette Autorité Supérieure à présent, afin qu'elle parle à la partie de vous-même la plus profonde, afin qu'elle vous fasse connaître la partie de vous-même qui est la plus profonde et afin qu'elle vous prépare à vivre dans un monde nouveau et à vous engager avec l'univers de vie intelligente qu'est la Grande Communauté de vie. Vous n'êtes pas au courant de ces choses, mais elles font partie de vous.

Peut-être avez-vous déjà fait l'expérience de votre nature profonde lors de moments de clarté, lors de moments de prescience, lors de moments de déception aussi, lorsque vous avez été capable d'entendre au-delà de vos désirs et de vos peurs et des désirs et des peurs des autres.

L'Autorité Supérieure vous appelle, elle vous appelle à travers les anciens couloirs de votre esprit, elle vous appelle au-delà de vos croyances et de vos préoccupations.

Car Dieu a parlé à nouveau et la Parole et le Son sont dans ce monde. C'est une communication plus profonde, bien plus profonde que ce que l'intellect peut comprendre.

Elle parle d'un dessein plus grand, d'une responsabilité plus profonde et d'une association plus grande, à la fois dans ce monde et au-delà. Et grâce à cette association vous devenez un pont, un pont vers le monde, un pont vers votre Ancienne Demeure, de laquelle vous êtes venu et à laquelle vous retournerez.

Les gens veulent beaucoup de choses. Ils ont de grandes peurs – la peur de perdre, la peur de ne pas avoir, la peur de la privation, la peur d'être opprimé, la peur d'avoir mal et de souffrir, y compris en mourant.

Mais l'Autorité Supérieure parle au-delà de ces choses-là. Elle est le Créateur s'adressant à la Création.

La Création en vous est l'esprit plus profond que nous appelons la Connaissance. C'est la partie de vous qui est permanente. C'est la partie de vous qui existait déjà avant cette vie et qui existera encore après cette vie, elle chemine à travers les royaumes de la Séparation, guidée uniquement par le pouvoir de la Voix.

Les gens veulent beaucoup de choses. Ils ont de grandes peurs. Beaucoup de gens ont des croyances arrêtées. Mais l'Autorité Supérieure parle au-delà de ces choses-là, à tous ceux qui peuvent voir et entendre et qui peuvent répondre à un niveau plus profond.

Vous ne pouvez pas évaluer cela. Cela dépasse votre mental. Vous ne pouvez pas en débattre, car c'est au-delà de vos capacités.

C'est mystérieux, car c'est omniprésent. Son origine se situe au-delà de ce monde et de tous les mondes, vous ne pouvez par conséquent pas l'imaginer.

Mais l'expérience est si profonde qu'elle peut changer le cours de votre vie et vous réveiller du rêve de la Séparation, vous appelant à vous extraire de vos préoccupations et de vos associations, et de tout le reste, afin que vous puissiez entendre l'Ancienne Voix, si ancienne qu'elle parle d'une vie au-delà de ce que vous pouvez imaginer, mais d'une vie qui est votre vie.

Dieu sait ce qui vient à l'horizon. Dieu sait pourquoi vous êtes ici. Dieu vous a envoyé ici dans un but. Vos plans et vos objectifs tiennent rarement compte de cela.

Il s'agit de quelque chose de plus grand. Il s'agit de quelque chose de plus simple et de moins grandiose. Il s'agit de quelque chose d'essentiel à votre Être, à votre nature et à votre conception spécifique.

C'est la relation la plus fondamentale que vous ayez, le plus grand amour, la plus grande affinité. Cela vous unit avec vous-même et recentre votre vie.

Cela vous appelle à vous extraire de situations qui vous sont nuisibles ou qui ne détiennent aucune promesse pour vous. Cela vous appelle à participer davantage au monde, guidé par l'ancienne et mystérieuse Voix, une Voix qui ne ressemble à rien de ce que vous avez entendu auparavant, plus profonde que tout ce que vous avez jamais ressenti, plus grande que tout ce que vous puissiez voir ou palper.

Les gens veulent beaucoup de choses. Ils sont menés par une grande peur. Même leurs plaisirs sont chargés de peur et d'appréhension.

Mais l'Ancienne Voix est au-delà de la peur, et lorsque vous répondez, vous êtes au-delà de la peur.

Qui peut dire ce que c'est ? Qui peut évaluer cela ?

Ne soyez pas stupide en pensant en termes de rendement. Ne soyez pas analytique, car c'est quelque chose qui se produit à un niveau plus profond.

Ne reculez pas devant cela, car il s'agit de votre vie, de votre but et de votre Appel.

La Présence et la Grâce sont avec vous. Mais vous regardez autre chose. Votre esprit est ailleurs. Ce qui vous sauvera et vous restaurera est avec vous en ce moment-même. Mais vous regardez ailleurs.

La Révélation est dans le monde. Dieu est venu à nouveau avec un Message plus grand pour l'humanité et une préparation à un avenir difficile et dangereux pour la famille humaine.

De quoi s'agit-il ? Qu'est-ce que cela veut dire ? Pourquoi cela arrive t-il ? Comment s'y préparer ?

Seule la Révélation peut répondre à ces questions. Vous ne pouvez pas répondre à ces questions en vous tenant à l'écart.

Les gens veulent beaucoup de choses. Ils sont très distraits. Ils sont très préoccupés. Mais ils ne savent pas où ils sont, ni ce qu'ils font. Leurs objectifs sont, pour la plupart, les objectifs de la société. Ils ne savent pas où ils vont dans la vie ou pourquoi ils sont ici ou qui les a envoyés et ce qui les rétablira et les épanouira et donnera but et direction à leur vie.

L'Ancienne Voix vous parle à présent. Et vous entendrez l'Ancienne Voix répondre en vous-même, car votre connexion est très profonde. Elle est comme les rivières qui coulent sous terre, sous le désert, des rivières souterraines de l'eau la plus pure, mais qui ne peuvent être vues depuis la surface et qui ne peuvent être découvertes sauf par des moyens différents.

Pendant que vous vivez votre vie à la surface, au plus profond de vous, vous êtes connecté au Divin. Et l'expérience de cette connexion est faite en répondant à l'Appel, en suivant une Voix plus profonde et une direction plus grande.

Les gens demandent : « *Pourquoi ? Pourquoi est-ce que cela se produit ?* » Ils doivent s'arrêter et écouter, et apprendre à écouter, à porter pleinement leur attention à ce moment, afin qu'ils puissent entendre, ressentir et voir que la Révélation est en train de brasser quelque chose en eux.

Ainsi la Révélation brasse, la Révélation au sein de chaque personne. C'est ainsi que Dieu s'adresse au monde au moment de la Révélation. C'est une relation au niveau le plus profond et le plus important.

Vous ne pouvez pas vous détacher de Dieu, car Dieu vous accompagne partout. Dieu est avec vous à tout instant, dans chaque activité que vous faites.

Il n'y a que dans vos pensées que vous pouvez être séparé, en vous associant à d'autres choses, en vous identifiant à d'autres choses. Mais l'Ancienne Voix est en vous, vous appelant à répondre, vous guidant, vous retenant.

Pour comprendre vos prémonitions les plus profondes et les pulsions de votre cœur, vous devez commencer à écouter. Écoutez en vous-même. Écoutez le monde sans jugement ni condamnation. Écoutez les signes de ce qui arrive. Écoutez pour savoir comment vous devez répondre. Écoutez pour savoir avec qui il vous faut être et avec qui il ne vous faut pas être.

Ici, vous ne suivez pas la peur. Ici, il n'y a pas de condamnation. Ici, il y a un plus grand discernement et une plus grande reconnaissance.

Dieu a mis la Connaissance en vous afin de vous guider, de vous protéger et de vous mener vers une vie et une participation plus grandes dans le monde. La Connaissance réside au-delà du domaine et de la portée de l'intellect. Cela se passe à un niveau plus profond.

Une fois que vous commencez à en faire l'expérience, vous commencez à acquérir un meilleur discernement. Vous commencez à faire attention à ce que vous faites et aux personnes avec lesquelles vous vous associez. Vous écoutez profondément les autres, afin de voir si vous devez vous joindre à eux et ce qu'ils sont en train de vous communiquer.

Les gens croient beaucoup de choses, mais ils en savent bien peu. Ils vivent à la surface de leur mental, qui est turbulent et chaotique et régi par les vents et les passions du monde.

Leurs croyances sont un substitut aux relations plus profondes. Leurs préoccupations sont une façon d'éluder un engagement plus grand auquel ils sont destinés.

En se tenant à l'écart, ils ne peuvent voir. Ils ne peuvent savoir. Ils ne peuvent répondre. Ils sont dominés par leurs pensées, par leur mental, par leurs réactions. Ce sont des esclaves, qui vivent une vie d'esclave.

Mais le Mystère est en eux. C'est ce qu'il y a de plus important dans la vie. Au-delà d'atteindre ses objectifs, d'obtenir des richesses et d'avoir des compagnons et la reconnaissance de la société, c'est ce qu'il y a de plus important car c'est l'arène dans laquelle un engagement plus grand a lieu.

Le Mystère est la source de tout ce qui est important. Toutes les grandes inventions et les grandes contributions, les grandes relations, les grandes expériences, toutes proviennent du Mystère – qui vous êtes, pourquoi vous êtes ici, ce qui vous appelle, votre plus grande association, votre destinée avec certaines personnes dans le monde, votre capacité à trouver votre chemin, alors que tout le monde autour de vous est en train de dormir, de rêver et de rester passif. C'est un voyage que vous devez faire, sans quoi votre vie ne sera qu'un rêve agité et rien de plus.

Lorsque vous retournerez à votre Famille Spirituelle après avoir quitté ce monde, ils vous regarderont pour voir si vous avez accompli votre tâche, si vous avez établi la connexion profonde. Et vous saurez si vous l'avez établie ou non.

Il n'y aura ici ni jugement ni condamnation, seulement une prise de conscience. Ici, ce qui était mystérieux auparavant devient la réalité elle-même et vos priorités sont claires. Il n'y a pas de distractions. Il n'y a pas de résistance.

Vous voudrez revenir, en vous disant : « *Cette fois-ci, je me souviendrai. Maintenant je sais. Maintenant je peux voir. Je me souviendrai.* »

Mais vous devez vous souvenir pendant que vous êtes ici. Cela fait toute la différence. C'est le début de tout ce qui est important. Il s'agit là du tournant de votre vie.

C'est uniquement mystérieux parce que vous en avez été séparé, happé par le monde des formes, perdu dans le monde, grandissant en tant qu'individu, en vous adaptant à un monde difficile et changeant. C'est alors que quelque chose arrive pour vous rappeler, et vous commencez à ressentir que le Mystère est avec vous et en vous et qu'il vous influence.

Sa Source se situe au-delà de la réalité physique, car qui vous êtes se situe au-delà de la réalité physique. Votre destination finale est au-delà de la réalité physique. Mais vous êtes censé être ici, car vous avez été envoyé ici dans un but. Tel est le Mystère.

Nous parlons de ces choses-là afin de vous engager à un niveau plus profond, afin de faire appel à ce qui est authentique en vous, afin de parler à une partie de vous que vous connaissez à peine, et qui est la partie de vous la plus grande.

Cette partie de vous répondra, en raison de l'engagement ancien qui nous lie.

Vous avez peur de cela, mais en même temps vous le désirez. C'est un désir naturel, plus naturel que tout ce que vous faites ou pourriez faire dans le monde.

Tel est l'Engagement.

CHAPITRE 4

DIEU A PARLÉ À NOUVEAU

*Tel que révélé
à Marshall Vian Summers
le 24 février 2011
à Boulder, Colorado*

Dieu a parlé à nouveau.

Dieu a parlé à nouveau parce que le monde est confronté à ses plus grandes vicissitudes, à ses défis les plus ardus.

La famille humaine a créé un désastre environnemental qui a le pouvoir de fragiliser sa civilisation – un désastre qui comprend de nombreux facteurs ; un désastre qui modifiera votre environnement, qui épuisera vos sols, qui asséchera vos rivières ; un désastre qui mettra fin à votre croissance et à votre expansion ; un désastre qui est le produit de décennies et de siècles d'abus du monde, agissant sans penser au lendemain, comme si le monde était d'une abondance infinie pouvant être exploitée sans limite.

Et les religions du monde, qui ont toutes été initiées par Dieu, sont en conflit les unes avec les autres – parfois violemment, souvent avec véhémence – en conflit les unes avec les autres, rivalisant pour la préséance et la reconnaissance, affirmant chacune dans de nombreux cas être la plus grande, voire la seule véritable manifestation de la Révélation de Dieu, le seul vrai chemin devant être suivi.

Dieu a parlé à nouveau parce que l'humanité a pillé le monde et est maintenant confrontée à une situation qui pourrait la mener à de grandes privations et à de grands conflits.

Dieu a parlé à nouveau parce que la religion n'a pas réussi à trouver son unité, sauf chez un nombre très restreint d'individus et d'organisations.

Elle n'a pas réussi à tempérer les identités tribales des gens, lesquelles devaient être suffisamment dépassées pour qu'une communauté mondiale puisse être établie – pour que chaque groupe initial, chaque identité régionale, chaque coutume et chaque culture spécifique soient transcendés pour faire partie d'une communauté mondiale.

Telle est l'évolution pour l'humanité, une évolution qui conduit à une grande diversité d'expressions culturelles, mais qui permet aux gens de vivre, de communiquer et de partager leurs créations les uns avec les autres.

Dieu a parlé à nouveau, même si nombreux sont ceux qui disent que cela n'est pas possible, que le dernier prophète [détenait] le grand et dernier message pour le monde. Mais qui peut dire cela ? Même les messagers de Dieu ne peuvent pas faire de telles affirmations.

Car Dieu communique lorsque Dieu le veut et n'est pas limité par les idées ou les croyances humaines. Quelle arrogance que de penser que le Créateur de tous les univers puisse être entravé par la présomption et les admonestations humaines !

C'est pourquoi Dieu a parlé à nouveau, car une grande correction doit être apportée à votre compréhension de la Présence et du Pouvoir Divins dans votre vie, dans le monde et au-delà du monde, au sein d'une Grande Communauté de vie dans l'univers.

L'humanité se trouve au seuil de l'espace, au seuil de sa rencontre avec une Grande Communauté de vie – une Grande Communauté qui est beaucoup plus complexe, exigeante et perturbante que tout ce à quoi la famille humaine a été confrontée auparavant.

C'est comme si l'humanité était un adolescent entrant dans un monde d'adultes, plein de présomption et de suffisance, bien sûr, mais ignorant et dangereusement naïf quant aux réalités et aux difficultés de ce monde d'adultes.

Les religions du monde, qui ont été données pour construire la civilisation humaine, n'ont pas été conçues pour préparer l'humanité à la Grande Communauté. Ce n'était pas là leur but ou leur fonction, voyez-vous.

Mais le progrès et le processus d'évolution ont maintenant conduit l'humanité jusqu'à ce grand seuil. Vivant dans un monde dont les ressources diminuent et dont la population grandit, celle-ci doit désormais affronter la réalité, la difficulté et la grande opportunité que représente le fait de faire face à une Grande Communauté de vie.

Car si vous regardez au-delà de vos craintes, au-delà de vos angoisses, au-delà de votre tendance à fuir et à dénier, vous serez en mesure de voir que les Grandes Vagues de changement qui arrivent sur le monde et la rencontre de l'humanité avec un univers de vie intelligente sont les deux plus grands facteurs, les deux plus grandes motivations, qui pousseront l'humanité à finalement coopérer et à mettre en place un ordre mondial équitable et fonctionnel, une stabilité du monde qui n'a jamais été atteinte auparavant.

Cette stabilité ne peut être établie sous un règne oppressif, sans quoi elle ne réussira pas. Elle est maintenant générée par la nécessité. Car les nations qui rivalisent et qui s'affrontent ne feront qu'épuiser le monde encore davantage et plus rapidement.

Et avec un climat et un environnement qui changent, les nations devront coopérer si elles veulent survivre et subvenir aux besoins de leurs peuples.

C'est la vie à un niveau si simple et si élémentaire, incomprise par l'esprit moderne qui pense à ses désirs et à ses craintes, à ses fantasmes et à ses créations, avec une complaisance si obsessionnelle qu'il est incapable de percevoir les réalités de la vie elle-même.

Si vous dégradez votre environnement, cela vous portera préjudice. Cela vous desservira. Si vous vous battez les uns contre les autres, la guerre deviendra perpétuelle. Les [anciens] griefs seront ravivés, et de nouveaux griefs seront générés.

Le monde a besoin d'une Nouvelle Révélation. Car le Christianisme ne peut pas sauver le monde. L'Islam ne peut pas sauver le monde. Le Bouddhisme et l'Hindouisme ne peuvent pas sauver le monde. Et le Judaïsme n'a jamais été conçu pour sauver le monde.

Maintenant qu'il existe une communauté mondiale qui possède une grande interdépendance, une grande fragilité et une grande vulnérabilité, due à la fois à l'effondrement interne et à la concurrence et à l'intervention provenant de l'extérieur, il est temps pour l'humanité de grandir. Le temps est venu de changer d'avis pour les gens de toutes les nations – le temps de considérer la réalité de la situation, de comprendre les Grandes Vagues de changement et le pouvoir qu'elles possèdent d'affecter et d'ébranler un monde stable.

Il est temps pour Dieu de parler à nouveau. Dieu sait cela, bien sûr, mais peu de gens le reconnaissent.

Beaucoup de gens attendent l'accomplissement de leurs prophéties d'antan – le retour de l'Imam, de Maitreya [ou] de Jésus. Mais ils ne reviendront pas, voyez-vous. Et ceux qui viendront clamer ces titres et ces identités ne seront pas des êtres spirituellement éclairés ou dotés de capacités spirituelles, mais seront ceux de la Grande Communauté qui sont ici pour profiter de la sottise et des attentes des humains.

Dieu a parlé à nouveau. Si vous pouviez reconnaître honnêtement la nécessité de cela – la nécessité de cela dans votre vie, dans votre communauté, dans votre famille, dans votre pays, entre vos nations – vous seriez alors en mesure de voir qu'une Nouvelle Révélation est nécessaire et que vous vivez en ce moment-même à une époque de Révélation.

Mais vous devez être ici très clair, car Dieu ne vous donne pas un nouveau super-héros en qui croire. Dieu ne vous donne pas une énorme doctrine à respecter en vous menaçant de vous punir en cas d'échec. Dieu ne vous demande pas de croire en un enseignant particulier. Dieu ne vous demande pas d'avoir une théologie particulière ou une philosophie particulière.

Dieu apporte à la place le pouvoir de la Connaissance à l'individu, et avec ce pouvoir, la responsabilité et le service au monde. Dieu ne va pas donner à l'humanité une nouvelle idée à propos de laquelle les humains pourront se battre. Dieu vous donnera quelque chose de plus fondamental, quelque chose qu'on ne donnerait en fait vraiment qu'à une communauté mondiale confrontée à un grand péril et à de grands bouleversements.

Il s'agit là d'une Révélation plus avancée – non pas donnée cette fois-ci sous la forme d'histoires ou d'anecdotes simples ; non pas donnée sous la forme d'admonestations ; non pas illustrée par de simples images pastorales ; non pas donnée sous la forme d'identités mystiques avec la promesse de l'illumination – il s'agit là d'une Révélation donnée pour amener l'individu à un état de prise de conscience et à un sens de la responsabilité, non seulement vis-à-vis de lui-même, mais aussi vis-à-vis du secours envers la civilisation humaine dans son ensemble.

Les gens ne comprendront pas cela au premier abord parce qu'ils ne perçoivent pas le grand danger qui menace l'humanité. Ils pensent que la vie sera comme elle a été auparavant, éventuellement plus problématique, plus difficile, plus incertaine. Ils ne se rendent pas compte qu'ils vivent dans un monde nouveau – un monde qui a changé imperceptiblement, un monde qui ne sera pas le même que le monde dans lequel ils ont grandi, c'est-à-dire le monde de leurs parents ou de leurs ancêtres. Et ils verront que, sans la Connaissance en eux pour les guider, ils seront perdus dans ce monde – ce monde qui deviendra de plus en plus perturbant, de plus en plus incertain.

Un moment arrive où vous ne pouvez pas fuir cela. Vous ne pouvez pas vivre dans un état de fantasme ou de déni, accusant vos parents, votre culture, des organisations ou des gouvernements et projetant votre hostilité sur eux.

Il faut faire cette évaluation, voyez-vous, et le plus tôt cette évaluation a lieu chez les gens, le plus tôt ils commencent à faire le bilan de leur vie.

Mais ce qui guidera l'humanité est ce qui influence et détermine vos décisions. Que vous soyez le dirigeant d'une nation ou une personne pauvre vivant à l'écart de la ville, c'est ce qui informe vos décisions et ce que vous pouvez entendre et voir en vous-même et en les autres qui fera toute la différence quant à ce que vous choisissez de faire face aux Grandes Vagues de changement, et quant au degré de sagesse que vous pourrez contribuer à votre propre situation, peu importe combien elle est difficile.

Dieu donne à l'humanité quelque chose dont l'humanité ne sait même pas qu'elle a besoin – l'élément clé, la pièce manquante, la partie que Dieu seul peut donner, la force, le pouvoir et la vision que Dieu seul peut donner.

Sans cela, votre technologie ne vous sauvera pas. Votre ingéniosité ne vous sauvera pas. La chance ne vous sauvera pas. Le déni ou la fuite ne vous sauveront pas. Vous plonger dans les loisirs et les distractions ne vous sauvera pas. C'est pourquoi Dieu a parlé à nouveau.

Le Message est honnête. Il est si honnête que les gens le fuiront. Il est si honnête qu'il déconcertera peut-être de prime abord ceux qui le reçoivent. C'est parce qu'il vous demande d'être aussi honnête qu'il l'est lui-même.

Il vous demande d'être ce que Dieu a créé en vous et de gérer cette partie de vous-même qui est un produit de la vie dans le monde – une grande demande, mais une demande juste, si vous voulez être en mesure de faire face à un monde en déclin et aux réalités de la Grande Communauté, où l'enfantillage et la folie vous nuiront et vous rendront faibles.

Le monde a changé. Les grandes Révélations de Dieu doivent maintenant être données dans la prochaine étape de leur expression – non pas pour qu'elles soient remplacées, mais pour qu'elles soient élevées, nettoyées et mises en harmonie les unes avec les autres. Ce sont toutes des voies vers la Connaissance, voyez-vous. C'est ce qu'elles sont véritablement.

Elles ont été transformées en d'autres choses par des gouvernements, par des individus et des institutions, et par des nations recherchant le pouvoir et la domination. Elles ont été mélangées avec la culture, les coutumes et les perceptions locales à tel point que leur but et leurs propos essentiels peuvent désormais être difficiles à discerner.

[La Révélation] est là pour ramener les gens à l'essence de la spiritualité, que sont le pouvoir et la présence de la Connaissance en l'individu, le pouvoir et la présence de la Connaissance – cette grande intelligence que Dieu a donnée à chaque personne, qui travaille par l'intermédiaire de groupes et de nations, et qui soutient la liberté et le pardon, la reconnaissance, la communication, le travail, l'effort, la responsabilité.

Ce n'est désormais pas une simple option, car le monde auquel vous êtes confrontés sera beaucoup plus difficile et beaucoup plus exigeant. Et les décisions que vous aurez à prendre auront de très grandes répercussions pour vous et pour les autres.

Vous ne pouvez pas faire les imbéciles face aux Grandes Vagues de changement. Vous vous trouvez au seuil de la Grande Communauté. Dieu seul peut vous préparer à ces deux grandes réalités. Et Dieu vous donne les éléments essentiels de cette préparation.

Dieu donne au monde ce dont il a besoin, mais les gens ne peuvent pas le voir. Ils veulent un chef guerrier. Ils veulent une puissance militaire. Ils veulent un Barabbas, pas un Jésus. Ils veulent le seigneur des terres, pas le Seigneur des Cieux. Ils veulent le pouvoir matériel. Ils veulent une résolution matérielle. Ils veulent que l'on règle leurs problèmes à leur place. Ils veulent donner les rênes au lieu de recevoir le don de la responsabilité.

Le miracle du Nouveau Message est le miracle de toutes les Révélations. C'est le miracle de la révélation personnelle. C'est le miracle de la rédemption personnelle. C'est le miracle de la responsabilité personnelle et individuelle, et de la contribution à la société et aux autres. C'est le miracle du don. C'est le miracle du pardon. C'est le miracle de la résonance avec une autre personne à un niveau plus profond, au-delà du domaine et de la portée de l'intellect. C'est le miracle de votre réalité véritable qui s'exprime dans un monde difficile et temporaire.

Ce qui motivera vos décisions déterminera l'issue et fera toute la différence. Dieu vous a donné la voix et la conscience pour vous guider, mais ce n'est pas votre voix ou votre conscience. Cela fait partie d'une Voix plus grande et d'une conscience plus grande.

Dieu ne dirige pas le monde ; il ne régit pas le temps. Dieu n'est pas la source des calamités et des catastrophes, des ouragans, des tremblements de terre et des inondations. Cela fait simplement partie du fonctionnement de la nature.

Dieu vous a envoyé dans ce monde difficile et imprévisible, aussi beau soit-il, pour rétablir le pouvoir de la Connaissance et être guidé par ce pouvoir ; pour donner ce que vous êtes précisément conçu pour donner, là où votre contribution peut avoir le plus grand impact.

Tout cela transcende l'intellect humain, bien sûr, car vous ne comprendrez jamais les rouages de la Création et du Ciel, qui s'étendent bien au-delà de l'univers physique, lequel est si vaste qu'aucune race n'a jamais été en mesure d'en comprendre la totalité ou l'entière signification.

Ici, ce qui est pratique s'unit avec ce qui est mystique. Ici, la connexion essentielle est établie entre ce qui est à l'intérieur et ce qui est à l'extérieur. Ici, le mental est régi par une plus grande intelligence, de manière à ce que les remarquables capacités de l'intellect puissent être judicieusement utilisées et appliquées. Ici, les gens prennent leurs responsabilités, non seulement pour mettre leurs affaires en ordre et trouver un équilibre, mais aussi pour voir ce qu'ils doivent faire pour aider la famille humaine partout où ce qu'ils ont à donner peut être mis à contribution.

Vous aurez à regarder le monde avec beaucoup de compassion à l'avenir. Vous verrez nombre d'échecs et de pertes. Vous verrez une grande sottise, et vous verrez même les attitudes décadentes récurrentes de l'humanité devenir encore plus extrêmes.

Vous aurez à pardonner et à regarder le monde avec compassion. Vous ne pouvez pas en être totalement détaché, car vous y êtes connecté, vous avez été envoyé le servir et votre but et votre destin y sont liés.

Le but, ce n'est pas la paix [intérieure]. Le but, c'est la contribution. Même les plus grands saints ont dû reconnaître cela et être envoyés dans le monde pour y enseigner, y prêcher et y contribuer partout où ils le pouvaient.

Vos réalisations dans le monde, ou même vos réalisations spirituelles, sont toutes destinées à être utilisées pour servir, pour alléger le fardeau de ceux qui vous entourent, pour encourager les gens à retourner au Pouvoir et à la Présence qui sont leur Source et leur connexion au Divin – en utilisant les croyances, les symboles, les images ou les personnages qu'ils trouvent les plus inspirants.

Ce qui est essentiel et important, c'est que vous cherchiez à prendre conscience du fait que vous vivez avec deux esprits – l'esprit de ce monde et l'esprit profond de la Connaissance.

Tout le monde est concerné, pas seulement une tribu, un groupe ou une époque de l'histoire. Et cela ne s'applique pas uniquement à ce grand épisode de la longue histoire de la présence de l'humanité dans ce monde.

Dieu a parlé à nouveau de choses plus grandes – de choses au-delà de l'ordinaire comme de choses qui sont extrêmement ordinaires et importantes. Dieu a parlé de la Grande Communauté, des Grandes Vagues de changement, du sens de votre réalité intérieure et de la quête essentielle pour rétablir votre connexion à la Connaissance, qui est là pour vous guider, vous protéger et vous conduire à vos plus grandes réalisations dans la vie.

C'est une percée considérable pour l'individu. Et ce sont les individus qui feront toute la différence pour décider du sort et de l'avenir de l'humanité.

Et de ce qui motive leurs décisions – que ce soit l'ambition, la croyance, la peur, l'orgueil et leur compréhension d'avant, ou la plus grande source d'inspiration que seule la Connaissance peut apporter – de cela dépendra l'issue de chaque situation.

Dieu a parlé à nouveau. Vous devez venir à la Révélation pour voir cela. Ne soyez pas sot en vous tenant à l'écart et en essayant de la juger ou de la comprendre, car vous ne la comprendrez pas. Et la juger ne ferait que démontrer votre sottise et votre manque d'honnêteté.

C'est une grande époque de Révélation. C'est une grande époque de préparation pour l'avenir. C'est une grande époque pour apporter harmonie et équilibre à votre vie, et pour vous préparer à vivre dans un monde nouveau, un monde exigeant, mais aussi un monde rédempteur, si l'humanité choisit de suivre ce que Dieu a apporté.

CHAPITRE 5

LE SCEAU DES PROPHÈTES

Tel que révélé
à Marshall Vian Summers
le 21 mai 2014
à Boulder, Colorado

Il est maintenant très important que Nous parlions du Sceau des Prophètes, de sorte que, partout dans le monde, les gens puissent comprendre ce que cela signifie vraiment et pourquoi il est important de protéger les grandes Révélations de Dieu, qui ne sont données qu'à certains tournants clés du développement et de l'évolution de l'humanité.

Les grandes Révélations sont d'une importance tellement cruciale pour le monde. Elles apportent les briques élémentaires pour construire la civilisation humaine.

Voici que Dieu a parlé à nouveau, pour protéger la civilisation humaine de la désintégration et de l'effondrement internes, et pour la protéger d'un assujettissement par des forces dans l'univers qui cherchent à profiter des conflits et de l'ignorance des humains.

C'est un seuil qui était attendu depuis longtemps, qui était destiné à se présenter, et qui devait se présenter à un moment où l'humanité commencerait à établir une civilisation mondiale – certainement pas une civilisation parfaite, mais une civilisation néanmoins.

Cela devait arriver dès lors que certaines conditions seraient remplies, et lorsque la vulnérabilité de l'humanité, du fait de ses propres erreurs, aurait atteint un point tel que la civilisation humaine elle-même serait mise en danger par le déclin et la perturbation de son environnement, et par le fait que la Terre ait été tant pillée qu'elle ne puisse plus subvenir aux besoins d'une population humaine grandissante.

Cela devait attendre un point où la vulnérabilité de l'humanité à l'univers atteindrait un seuil critique. Car la Terre a depuis longtemps été observée par certaines races, à leurs propres fins et pour leurs propres projets.

Dieu sait cela, bien sûr, car cela fait partie de l'évolution de tout monde – de tout monde ayant été la source d'émergence d'une race ou de tout monde ayant été cultivé par des visiteurs d'au-delà. C'est quelque chose de prévisible. C'est quelque chose qui a lieu tôt ou tard. Et pour l'humanité le moment est venu de cela.

Dieu protège les grandes Révélations par un Sceau. Le Sceau signifie que l'Assemblée Angélique ne fournira pas d'autre grande Révélation jusqu'à ce que le Seigneur de l'univers indique qu'il doit en être ainsi. C'est leur Sceau, destiné à protéger les Révélations de l'usurpation, du plagiat et de ceux qui s'autoproclament émissaires et messagers, ce qui se produit inévitablement à la suite d'une grande Révélation pour le monde.

Les gens de la Terre ne sauront pas que ce Sceau existe. Ce n'est pas quelque chose qu'ils peuvent toucher. Il n'est pas inscrit dans leurs constitutions. Il n'est pas largement compris ou accepté.

Mais au sein de la Présence et de l'Assemblée Angélique qui supervise ce monde, il s'agit d'un mandat très clair, et il doit être établi, sans quoi les grandes Révélations pourraient être polluées au point de devenir méconnaissables. Elles seront affectées et modifiées par le genre humain au fil du temps, par l'ignorance et la corruption, et par une utilisation abusive. Mais le Sceau en le Ciel est final, vous comprenez.

À un certain point cependant, Dieu brisera le Sceau, car une nouvelle Révélation devra venir. Lorsque les grands Enseignements donnés auparavant s'avèreront insuffisants pour répondre à la réalité des besoins de la famille humaine dans son ensemble.

L'intervalle entre les grandes Révélations sera très long, dans la plupart des cas, car elles sont suffisantes pour répondre aux besoins de l'humanité sur une longue période.

Mais vous avez maintenant atteint le grand seuil où Dieu a parlé de nouveau – un grand seuil dont l'humanité reste ignorante et pour laquelle elle est mal préparée, un grand seuil que les grandes Révélations données dans les temps anciens ne peuvent pas aborder. Elles n'ont pas été conçues pour cela. Elles n'ont pas étés données dans ce but. Elles ont été essentielles dans la construction de la civilisation humaine, une civilisation devenue mondiale au fil du temps.

Mais à présent, la civilisation humaine, telle qu'elle est aujourd'hui, est menacée à la fois de l'intérieur et de l'extérieur, si gravement menacée que Dieu a parlé à nouveau, car les risques sont trop grands, les dangers sont trop grands, l'ignorance humaine est trop profonde.

Même les grandes Révélations données auparavant sont fracturées et en désaccord avec elles-mêmes et entre elles. Elles ne peuvent pas préparer l'humanité à une Grande Communauté de vie dans l'univers. Elles ne peuvent pas préparer l'humanité à un monde dont l'environnement décline, ce qui représente le plus grand changement qui puisse arriver à n'importe quelle civilisation dans n'importe quel monde. Elles n'ont pas été conçues pour cela.

Dieu sait cela, bien sûr. Mais l'humanité ne le sait pas. Elle n'a pas conscience de ce qui arrive à l'horizon. Elle ne comprend pas sa situation à la lumière de la vie telle qu'elle existe autour dans l'univers. Elle n'a pas une connaissance suffisante de l'état de la Terre pour voir combien elle a dépassé et dilapidé son patrimoine naturel dans ce monde. L'humanité est sur une trajectoire hasardeuse d'autodestruction et de désintégration progressives.

Les grands changements qui adviendront à la planète elle-même seront suffisants pour réduire fortement la civilisation humaine, si l'humanité n'est pas préparée.

Le Sceau est ici brisé, car une Nouvelle Révélation doit être donnée. Le Sceau fut rompu après la vie de Jésus, lorsque Mohammed reçut sa grande mission sur Terre. Et maintenant le Sceau est brisé à nouveau par la Nouvelle Révélation de Dieu pour le monde.

Vous devez ici comprendre que les grands Messagers sont tous venus de l'Assemblée Angélique. Ils ont été envoyés dans le monde pour une grande mission, envoyés dans le monde à des époques de grands tournants et de grandes opportunités. Ils sont tous venus de l'Assemblée. Ils ont tous une Source commune. Ils ne sont pas les fils de Dieu. Ils ne sont pas le centre de l'univers.

Ils sont venus de l'Assemblée qui supervise ce monde, un monde de grande importance et qui compte beaucoup dans l'univers, parce que l'humanité a pu garder vivante sa conscience spirituelle. En dépit de ses nombreuses erreurs et de son histoire tragique – les grands conflits et les grands malheurs qu'elle s'est infligée à elle-même et qu'elle a infligés au monde – il s'agit encore d'un monde d'une grande promesse et d'une grande importance.

Dieu créera un nouveau Sceau lorsque la Proclamation de cette époque sera terminée, et ce Sceau durera pendant des siècles.

Les gens prétendront encore avoir des messages de Dieu, ou être des prophètes ou des rédempteurs. Mais l'Assemblée Angélique ne leur donnera pas ce qui leur serait nécessaire pour que cela puisse être réellement vrai et authentique. Ainsi, le Ciel fait ce qu'il peut pour protéger les grandes Révélations, qui sont si vulnérables au mauvais usage et à l'incompréhension des humains.

La Nouvelle Révélation de Dieu pour le monde, à ce grand tournant de son histoire, est la plus vaste jamais donnée au monde – donnée maintenant à un monde qui sait lire et écrire, un monde de communications et de commerce mondiaux, un monde de dangers et de risques planétaires ; donnée à présent avec ses propres commentaires, afin de limiter les possibilités d'interprétations et d'applications inappropriées à l'avenir ; donnée avec beaucoup de répétitions, exprimée de nombreuses manières différentes, pour offrir aux gens la meilleure opportunité de vraiment comprendre ce qu'ils reçoivent et la raison pour laquelle cela doit être donné à cette époque.

La Nouvelle Révélation de Dieu pour le monde contient un avertissement, une bénédiction et une grande préparation. Sans la préparation, vous ne pourrez pas répondre à l'avertissement. Sans l'avertissement, vous ne comprendriez pas l'importance de la préparation. Et sans la bénédiction, vous n'auriez pas la force, vous ne sauriez pas vers quoi vous tourner en vous-même ou vers qui d'autre vous tourner pour trouver le courage et la détermination de faire ce qui doit être fait pour le monde ; pour comprendre le sens réel de votre but ici et la raison pour laquelle vous êtes venu à ce grand tournant.

Ce n'est pas un don pour les quelques élus, ou pour quelques individus choisis, ou pour les plus riches et les plus privilégiés d'entre vous. C'est quelque chose qui est donné à tout le monde, donné dans les termes les plus simples, donné de la manière la plus claire possible, donné avec une grande force, parlant à presque toutes les voies de l'expérience humaine, donné pour offrir à l'humanité cette grande chance de restaurer le monde et de se préparer pour la Grande Communauté de vie, à laquelle elle doit maintenant apprendre à répondre.

Ne pensez pas que cela soit sans rapport avec vos besoins, car c'est le monde que vous êtes venu servir. Ces deux grands événements détermineront dans tous les domaines, de toutes les manières, quel genre de vie vous serez en mesure d'avoir, ce qui limitera votre vie et ce qui aura la capacité de faire émerger de vous vos grandes forces et le grand but qui demeure caché en vous, sous la surface de votre mental. Ne pensez pas que cela ne s'adresse pas à vous, car vous avez été envoyé dans le monde pour cela.

Ce qui se passe dans ce monde et au-delà de ce monde et qui y a trait déterminera le sort et l'avenir de toute personne vivante aujourd'hui, de ses enfants et des générations à venir. Tel est le pouvoir de ces événements. Telle est leur importance.

Il [Le Nouveau Message de Dieu] changera votre compréhension de la religion et y apportera une grande clarté. Elle fondera l'unité de toutes les religions et mettra en évidence la façon dont elles se sont construites en s'appuyant l'une sur l'autre pour fournir la véritable fondation morale et éthique pour la conduite et la compréhension humaines.

Mais vous vivez dans un monde différent maintenant, et vous serez confrontés à un monde très différent à l'avenir – un monde dont les ressources s'amenuisent et dont le climat est instable, un monde qui affectera la vie de tous, riches ou pauvres, aux quatre coins du monde.

La nécessité est si grande. Le risque est si grand. L'influence et la puissance de cela sont si grandes que Dieu a parlé à nouveau et a envoyé un nouveau Messager dans le monde. Envoyé par l'Assemblée Angélique, il est proche de tous ceux qui ont été envoyés auparavant. Ils se tiennent avec lui, car il est le Messager de ce temps, de cette ère et des temps à venir, pour une très longue période.

Le Sceau sera avec lui, et le Ciel regardera pour voir qui peut répondre à sa présence sur Terre. Car c'est maintenant un homme plus âgé et il ne dispose pas de beaucoup de temps pour enseigner cela.

[Il] a passé sa vie à recevoir une Révélation plus vaste et plus complète que tout ce qui a jamais été donné à l'humanité auparavant.

Elle révélera le sens de la vie dans l'univers. Elle révélera ce qui arrive à l'horizon de votre vie et à l'horizon du monde entier. Elle révélera la vraie nature de la spiritualité humaine à un niveau supérieur, au niveau qui est appelé le niveau de la Connaissance. Elle révélera ce que l'humanité doit apprendre pour générer une véritable coopération ici sur Terre, et pour mettre un terme à ses conflits incessants et à son terrible pillage du monde. Car c'est le seul monde dont vous disposerez qui soit capable de subvenir à vos besoins.

L'univers autour de vous ne sera pas à votre disposition pour la conquête ou l'exploration au-delà de ce système solaire. Il y a de grands dangers là-bas, dont l'humanité ne sait rien du tout. Elle regarde toujours avec des yeux primitifs, les yeux de l'ignorance et de l'attente pleine d'espoir. Elle ne sait pas ce que c'est que de négocier avec une Grande Communauté de vie dans l'univers.

Dieu doit maintenant fournir cela, tout au moins suffisamment, afin que l'humanité puisse se préparer à l'avenir, et agir avec sagesse et conscience à cet égard, plutôt que de n'être mue que par un opportunisme à court terme.

Cela a tout à voir avec qui vous êtes, avec votre nature profonde, avec la raison pour laquelle vous êtes comme vous êtes et la raison pour laquelle vous êtes conçu ainsi, ce qui est quelque chose que vous ne pourrez pas comprendre jusqu'à ce que vous vous rendiez compte du grand dessein qui sous-tend cela, et qu'il vous reste encore à vraiment découvrir.

Vous devez accepter le fait que le Sceau des Prophètes a été brisé. Non pas par une personne, non pas par une religion, mais par Dieu, qui communique avec le monde grâce à la Présence et à l'Assemblée Angélique qui supervise ce monde et le progrès et l'évolution de la famille humaine.

Vous trouverez là une grande clarté en ce qui concerne les questions de religion, le sens de votre vie, le destin de l'humanité et les grands défis à venir, pour lesquels l'humanité doit maintenant se préparer.

Ne reculez pas devant cela. Ne tombez pas dans l'ombre de vos propres préoccupations. Ne désespérez pas. Car Dieu vous a donné une force plus profonde en vous-même pour vous permettre de répondre, de vous préparer à faire face à un monde plus vaste et pour vous permettre de vivre une vie plus grande.

Vous ne comprenez pas encore ce que cela signifie, mais cela finira par devenir clair comme le jour. Car Dieu vous a donné les yeux pour voir et les oreilles pour entendre, mais ce ne sont pas les yeux avec lesquels vous voyez en ce moment, ni les oreilles avec lesquelles vous entendez en ce moment. Pourtant ces sens sont en vous – plus profond en vous.

C'est la véritable force de votre vie. C'est la véritable force de la famille humaine. C'est ce qui fera toute la différence quant à l'issue de votre vie ici sur Terre, et quant au devenir et au destin de l'humanité.

Seule la Nouvelle Révélation de Dieu pour le monde peut vous révéler ces choses maintenant. Sans cela, l'humanité continuera dans sa chute combative désespérée – sa trajectoire combative désespérée dans la vie, appauvrissant le monde de façon si critique qu'elle ne sera pas en mesure de maintenir la civilisation humaine dans quelque forme reconnaissable que ce soit. Vous serez la proie de forces dominantes de l'univers, et tout ce que vous aurez créé qui ait une valeur sera perdu.

Seule la Révélation de Dieu pour le monde peut vous révéler cela clairement, sans distorsion, sans que les intérêts d'une race étrangère soient impliqués, sans aucune manipulation ni tromperie d'aucune sorte.

En votre cœur, vous répondrez, car à un niveau plus profond vous êtes toujours connecté à Dieu. Que vous soyez croyant ou non, que vous ayez une tradition religieuse ou pas, vous êtes toujours connecté. Et c'est là la promesse de votre rédemption future, la source de votre plus grande force et de votre plus grande résolution vis-à-vis de tout ce qui vous est arrivé par le passé.

Le Sceau des Prophètes a été à nouveau brisé par Dieu. Il était destiné à être brisé une fois que l'humanité aurait atteint une certaine destination, atteint un grand tournant où elle serait confrontée à des défis auxquels l'ensemble de la famille humaine n'avait encore jamais eu à faire face, confrontée maintenant à un monde en déclin et aux réalités de l'univers qui vous entoure.

Dieu a maintenant donné de quoi comprendre clairement ce dont toutes les grandes traditions parlaient en réalité, avant qu'elles ne soient modifiées, adoptées et, au fil des générations, utilisées à leurs propres fins par des individus et des gouvernements.

Vous honorez ainsi tous les grands Messagers et comprenez plus complètement leur mission sur Terre, plus clairement. Il ne devrait en effet pas y avoir de discorde ni de compétition entre les religions du monde, car elles ont toutes été initiées par Dieu, et elles ont toutes été modifiées par l'homme.

Le Sceau a été brisé, mais il sera rétabli une fois que la Nouvelle Révélation de Dieu sera complète, et une fois que le Messager aura eu le temps de la présenter à son époque, ce qui doit avoir lieu à présent, pour que la Révélation soit véritablement et complètement authentique. Elle ne doit pas être assemblée plus tard par des gens qui n'ont pas connu le Messager.

Recevoir la plus grande Révélation jamais donné à ce monde a été sa grande tâche – la compiler, s'assurer de son exactitude, apprendre d'elle afin qu'elle puisse être enseignée, la comprendre complètement alors qu'il est une personne ici dans le monde, assembler autour de lui des individus courageux qui l'aident dans ces grandes tâches de sorte que, durant sa vie, la Révélation puisse être délivrée dans sa forme pure, résolvant un dilemme dont les précédentes Révélations pour l'humanité ont souffert.

La Bénédiction est sur vous. Elle est sur le monde. Mais elle est livrée avec une grande urgence et une grande nécessité. Ce n'est pas quelque chose que vous pouvez utiliser pour essayer de vous enrichir, ou avec laquelle vous pouvez vous arranger. Vous devez l'aborder avec respect et grand sérieux, et avec la volonté de voir ce qu'elle signifie vraiment pour vous et pour le monde.

Elle doit parler aux gens de toutes les traditions religieuses et de toutes les nations et cultures.

Elle doit être exempte de toute forme d'appropriation par une institution religieuse existante au-delà de ce que le Messager a établi pour la recevoir, la préparer et l'apporter dans le monde.

Il aura besoin de votre soutien. Mais vous devez apprendre ce qu'il apporte et l'appliquer à votre vie pour comprendre. Vous ne pouvez pas vous en tenir à l'écart et comprendre cela, car ce n'est pas chose possible avec une grande Révélation née du Ciel pour le bien-être et la protection du monde.

Que la Bénédiction soit sur le Messager et sur tous ceux qui l'assistent dans les années qui lui restent sur Terre. Et que ceux qui ont le courage, l'humilité et le grand besoin de comprendre reçoivent ceci à temps pour reconnaître son importance essentielle pour leur vie et pour l'avenir de ce monde.

CHAPITRE 6

La Mission du Messager

*Tel que révélé
à Marshall Vian Summers
le 10 avril 2012
à Boulder, Colorado*

Dieu a envoyé une nouvelle Révélation dans le monde, une révélation qui n'est en rien comparable à ce qui a été envoyé depuis plus de mille ans.

Un Messager a été envoyé dans le monde – un Messager qui a mené une vie relativement ordinaire, un Messager qui est un homme humble et qui a suivi une très longue préparation pour ce rôle.

Bien que d'autres puissent revendiquer le titre de Messager de Dieu, en vérité, il n'y en a qu'un seul qui ait été envoyé au monde. Le Ciel sait cela, bien sûr, malgré les revendications et les affirmations que les gens feront.

Les gens ont peur du Messager. Ils ont peur de ce que cela pourrait signifier pour eux ; à quel point cela pourrait changer leurs idées ou la façon dont cela pourrait les appeler à un type d'association ou de service plus grands.

Beaucoup de gens rejetteront la Nouvelle Révélation de Dieu uniquement sur cette seule base, car ils ont peur qu'il y ait une Nouvelle Révélation dans le monde qui puisse changer le cours de l'histoire et de la destinée de l'humanité, et qui remettrait en cause un grand nombre de notions et de croyances dominantes qui sont désormais institutionnalisées et très ancrées.

Le Créateur de toute vie n'est cependant pas lié par ces choses-là et ne fait qu'apporter à l'humanité le Message et la Révélation qui sont essentiels pour son bien-être, pour son avenir et pour sa destinée, à la fois dans ce monde et au sein d'une Grande Communauté de vie dans l'univers.

La Nouvelle Révélation de Dieu est plus large, plus inclusive et plus détaillée que tout ce qui a été apporté au monde auparavant. Elle est donnée à une époque à laquelle la famille humaine a été alphabétisée et prend part à une civilisation mondiale et à une économie mondiale, dotées de moyens de communication internationaux. C'est un environnement très différent de ceux de toutes les Révélations précédentes, qui étaient de nature très régionale et qui ne se sont diffusées que sur un laps de temps très long et avec beaucoup de discorde, de conflits et de violence.

L'humanité se trouve au seuil d'un univers rempli de vie intelligente – un univers non-humain, avec lequel elle doit maintenant apprendre à composer.

Et l'humanité vit dans un monde dont les ressources diminuent et dont l'environnement est instable, un monde qui ne ressemble à rien de tout ce qui a été vu depuis des milliers d'années. Même votre histoire ne peut pas expliquer ce que cela pourrait signifier, hormis l'histoire de la Terre elle-même.

La Révélation fournit son propre commentaire. Ce n'est pas simplement un enseignement mystérieux laissé à l'interprétation humaine, comme cela a été le cas auparavant.

Cette révélation est complète et exhaustive. Elle touche à presque tous les aspects de la vie des individus et de la vie de l'humanité, aussi bien maintenant que dans l'avenir.

Et pourtant, comme toutes les Révélations de l'histoire, elle parle de choses plus grandes que les préoccupations actuelles de l'humanité. Elle parle de choses qui détermineront si l'humanité choisira de s'unir dans un monde en déclin ou si ses membres se battront et lutteront pour l'accès aux ressources restantes.

La Révélation sera déterminante pour savoir si l'humanité pourra se préparer à son engagement avec la Grande Communauté, un engagement qui est déjà en cours en raison d'une Intervention dans le monde aujourd'hui, conduite par des races qui sont ici pour profiter de la faiblesse, des conflits et des attentes des humains.

Un si grand Message a demandé une énorme préparation au Messager et aux quelques personnes qui ont été appelées à l'aider dans sa préparation et dans sa proclamation.

Il n'est pas ici pour répondre à chaque question, ou pour fournir une solution à chaque besoin. Son Message s'adresse au besoin de l'âme en l'individu – le besoin de se reconnecter avec la Source de la vie et d'acquérir la force que Dieu a donnée à chacun en la présence d'une intelligence plus profonde en vous appelée la Connaissance.

Le Messager n'est pas ici pour discuter, débattre ou contester les affaires du monde ou les ambitions des différents groupes, nations ou tribus. Il est là pour apporter un Message de Révélation et de rédemption aux peuples du monde entier, indépendamment de leur position culturelle individuelle ou de leur appartenance religieuse, s'ils en ont une.

Cela transcende les nations, la culture et l'idéologie religieuse. Cela transcende les controverses sur ces sujets, parce qu'il s'agit d'un Nouveau Message de Dieu pour la rédemption et pour la préparation du monde entier à une réalité et à un avenir qui seront très différents du passé.

Dieu seul peut fournir une telle chose. Car même en ce moment, les religions sont divisées, y compris intérieurement. Elles se querellent et sont incapables de répondre de manière adéquate aux grands problèmes mondiaux qui surgissent et qui dépasseront l'humanité à l'avenir si celle-ci n'est pas préparée.

Se disputer à propos de qui a la meilleure religion ou le fondateur le plus éblouissant ne peut que nuire à l'humanité aujourd'hui. Cela mène à la division et à l'exclusion. Cela ajoute au dilemme et à la fracturation de la famille humaine.

Dieu sait mieux s'y prendre. Et celui qui a été choisi pour apporter la Révélation est parfait pour ce rôle. Il a passé les tests. Il n'a pas échoué lors de sa longue préparation, malgré tout ce qu'elle a exigé de lui et de sa famille.

Les gens résisteront à cela. Ils ne l'apprécieront pas et accuseront le Messager de toutes sortes de choses. Il est cependant l'unique Messager. L'incapacité à voir sa valeur et son rôle est une incapacité propre à l'observateur, une incapacité à reconnaître et à recevoir la grande Bénédiction que Dieu envoie aujourd'hui dans le monde.

Le Messager n'est pas quelqu'un de fier. C'est un homme humble, mais il doit accepter le grand Appel et les responsabilités plus grandes qui en découlent et qui lui incombent, ainsi que les grandes vicissitudes auxquelles il sera confronté pour apporter une Nouvelle Révélation dans le monde.

Dieu a parlé à nouveau. Et la Révélation de Dieu n'est pas réservée à un groupe d'élite ou à ceux qui sont culturellement privilégiés, riches ou préoccupés uniquement par la satisfaction de leur propre plaisir. Elle est destinée aux personnes de tous les rangs sociaux, de toutes les sociétés, même les plus primitives, même les plus avancées, même les plus isolées ou même celles qui sont les plus mondiales.

Seule la sagesse du Créateur peut parler ainsi, par l'intermédiaire de la Présence Angélique, par la Voix de la Révélation, que vous entendez en ce moment-même.

La mission du Messager est d'apporter la Révélation dans le monde, de trouver les premières personnes qui vont y répondre, de leur donner la possibilité de prendre part à la Révélation et d'accepter leur propre nature profonde et leur propre Appel dans la vie.

C'est pourquoi une grande partie de l'Enseignement a été donnée : pour ouvrir la voie de la révélation personnelle à ceux qui peuvent la recevoir et l'appliquer dans leur vie avec succès.

Ses exigences ne sont pas grandes, si ce n'est que la Révélation appelle à une plus grande honnêteté que celle manifestée par la plupart des gens en ce moment, une honnêteté qui n'est pas uniquement celle de projeter ses idées et ses croyances sur le monde, mais qui est celle de reconnaître le courant profond de sa vie et de choisir de le suivre avec humilité et détermination. Car il s'agit du pouvoir et de la présence de la Connaissance en l'individu, que la révélation de Dieu révèle pleinement pour la première fois.

Ici, il n'y a pas de héros à adorer. Ici, il n'y a pas de jour du Jugement dernier. Ici, il n'y a pas d'examen final, auquel pratiquement tout le monde échouerait de toute façon.

Car Dieu sait mieux s'y prendre que cela. Dieu sait que sans la Connaissance, les gens vacilleront et échoueront, ils feront des erreurs stupides, ils braderont leur vie et succomberont à des forces dangereuses et oppressives. Car sans le Pouvoir de Dieu en les individus pour les guider, que pourraient-ils faire d'autre que la démonstration de leur faiblesse, de leur confusion et du fait que leur vie est dominée par d'autres ?

Voyez-vous, le Dieu de votre monde est le Dieu de la Grande Communauté toute entière, de l'univers tout entier – un milliard de milliards de milliards de races et plus encore, dans une seule galaxie, parmi de nombreuses galaxies et d'autres dimensions, et avec en plus la Création immuable qui se trouve au-delà. Vous avez à présent affaire à un Dieu d'une telle grandeur et d'une telle expansion que vos idées et vos croyances pâlissent et chancèlent face à une telle magnificence.

C'est le Dieu qui a placé la Connaissance en vous pour vous guider, pour vous bénir et pour vous préparer à une plus grande vie ; pour vous sortir de vos engagements serviles et pathétiques et de votre apitoiement sur vous-même ; pour restaurer votre honneur et votre dignité, votre propre estime, votre bienveillance, votre compassion et votre humilité.

C'est la mission du Messager que d'enseigner ces choses, que d'offrir ces choses, que de subir la résistance et le rejet de ceux qui ne peuvent pas voir et qui ne sauront pas.

C'est le grand Appel, vous comprenez. C'est ce qui rétablit l'individu et apporte la promesse d'une vie plus grande. C'est ce qui apporte honneur et dignité à toutes les personnes, même les plus pauvres parmi les pauvres qui vivent dans une misère abjecte.

Cela est destiné à établir une plus grande éthique basée sur l'unité et la coopération dans un monde qui fait face à une diminution de ses ressources. Êtes-vous seulement capable d'imaginer un tel monde, vous qui avez vécu dans l'abondance ? Pouvez-vous imaginer comment cela pourrait affecter la famille humaine ? Cela pourrait détruire la civilisation humaine.

La rencontre de l'humanité avec des forces agressives agissant furtivement dans le monde pourrait faire tomber et détruire la civilisation humaine.

Les gens ne savent pas cela. Ils ne réfléchissent pas à cela. Peut-être que cela est trop pour eux, eux qui ont tournés toutes leurs pensées vers de petites choses, craignant de perdre leurs privilèges. Ils ne voient pas le plus grand tableau qui déterminera l'issue pour tout le monde.

Mais pour ceux qui peuvent voir et entendre, la Révélation leur parlera, et ils seront les premiers à répondre. Et grâce à eux, la Révélation parlera à ceux qui ont été plus préoccupés et moins en mesure de voir venir les grands événements à l'horizon. Un homme seul ne peut pas faire tout cela. Cela demandera l'engagement de nombreuses personnes, travaillant de concert avec le Messager.

Et vous avez ensuite le problème des personnes qui sont égoïstes et agressives, qui croient qu'elles sont tellement importantes dans l'univers, prétendant avoir leur propre version, n'agissant pas de concert avec le Messager, essayant de marier la Nouvelle Révélation avec d'autres enseignements ou avec leurs propres idées.

C'est la corruption qui a lieu chaque fois que quelque chose de pur est introduit dans le monde. Et c'est pourquoi la Révélation est donnée avant la Proclamation. C'est pourquoi elle est écrite. C'est pourquoi vous pouvez entendre la Voix de la Révélation pour la première fois dans l'histoire de l'humanité. Cette Voix qui a parlé à Jésus, à Bouddha et à Mohammed, vous pouvez l'entendre.

Pouvez-vous l'entendre ? Vous qui écoutez tant d'autres choses de faible valeur, pouvez-vous entendre ces mots ? Même si vous avez des doutes et que vous vous méfiez, pouvez-vous entendre le Messager et la Révélation ? Elle est limpide, sans tromperie, sans complexité, sans commentaire humain troublant le flux et polluant l'atmosphère de la Révélation.

La mission du Messager est d'établir suffisamment la Révélation de Dieu ici durant les années qui lui restent, de sorte que l'humanité puisse commencer à se préparer à un monde qui change et à son engagement avec la Grande Communauté elle-même.

Cela changera votre théologie. Cela changera votre compréhension de Dieu et de la manière dont Dieu agit dans le monde. Cela remettra en question vos croyances religieuses fondamentales sur ce que signifie la rédemption, car lorsque vous pensez à Dieu dans la Grande Communauté, cela change tout.

Qu'est-ce que le Ciel pour un milliard de milliards de milliards de races et plus encore ? Qu'est-ce que l'Enfer quand vous savez que Dieu a placé la Connaissance en vous et que vous ne pouvez jamais échapper ni à sa bénédiction, ni à sa rédemption ?

Qu'est-ce que l'appartenance religieuse, lorsque l'on a compris qu'il y a des milliards et des milliards de religions dans l'univers, qui sont connectées à des degrés variables à la réalité de la Présence et du Pouvoir de Dieu ?

Qui peut dire quand est-ce que Dieu parlera à nouveau ? Qui, sans faire preuve d'arrogance ni d'ignorance, peut affirmer que Dieu ne peut pas parler à nouveau ? Même les Messagers de Dieu ne peuvent pas dire cela. Même l'Assemblée Angélique ne peut pas dire cela. Alors quelle personne peut donc prétendre avec autorité déterminer ce que Dieu fera ? C'est l'exemple même de l'arrogance et de la bêtise.

La mission du Messager devra faire face à toutes ces choses. Elle devra faire face à l'arrogance intellectuelle. Elle devra faire face au rejet aveugle et catégorique. Elle devra faire face à toutes les formes d'accusation.

Et ces accusations seront dirigées sur celui qui apporte la plus grande expression de l'amour de Dieu qui ait été reçue en 1400 ans. Elles seront portées sur celui dont la vie, bien qu'elle soit imparfaite et puisse rencontrer des difficultés, est néanmoins une démonstration de la Révélation elle-même.

Pour la première fois dans l'histoire de l'humanité, le monde entier peut assister au processus de Révélation, au lieu de seulement en entendre parler par l'intermédiaire de contes lointains et d'histoires fantastiques.

Pour la première fois, la famille humaine peut entendre la Voix de la Révélation, lire les mots de la Révélation, non pas comme ils ont été retranscrits des siècles plus tard par des gens qui n'ont pas connu le Messager, non pas perpétués par la tradition orale pour des populations analphabètes, mais bien tels qu'ils sont donnés en ce moment-même.

Car l'humanité ne dispose pas de siècles pour arriver à accepter cela. Le changement qui est en cours est trop rapide. La convergence de grandes forces est trop puissante et trop écrasante.

Partout dans le monde, les gens sont dans l'expectative et ressentent de l'anxiété concernant la direction du monde. Peu importe ce à quoi ils attribuent ces craintes, ou comment ils pourraient essayer de les définir, elles existent parce qu'ils ressentent les Grandes Vagues de changement qui arrivent sur monde. Ils ressentent que l'humanité est en train de s'affaiblir de plus en plus, vulnérable, soumise à présent à des forces dont elle n'est pas consciente.

C'est à cause de cela que Dieu a envoyé la Révélation dans le monde. C'est pour cette raison que le Messager est ici.

Honorez-le. Respectez-le. Il n'est pas un dieu, mais aucun des Messagers n'a été un dieu. Il n'est pas parfait, mais aucun des Messagers n'a été parfait. Il a du mal avec la Révélation, parce que tous les Messagers ont eu du mal avec leur Révélation.

Il sera attaqué et condamné, parce que tous les Messagers ont été attaqués et condamnés par le même manque de réflexion, par la même arrogance et par la même ignorance auxquels le Messager devra faire face à cette époque, et auxquels il est confronté en ce moment même.

Sa mission n'est pas de construire des ponts, de changer les gouvernements ou de corriger tous les problèmes, toutes les erreurs et toutes les injustices dans le monde.

Sa mission est de donner la restauration secrète à chacun et de préparer l'humanité aux plus grands événements de son histoire, qui planent maintenant sur vous et arrivent à l'horizon en ce moment même.

L'humanité n'aura rien si elle ne peut pas survivre dans un monde en déclin. Vos grandes œuvres, les trésors et l'art seront tous perdus.

L'humanité n'aura rien dans la Grande Communauté, où la liberté est si rare, si elle ne peut pas établir la sagesse, protéger ses frontières et unir son peuple, au moins pour qu'il puisse répondre à tout ce qui concerne son bien-être collectif, sa protection et son progrès.

À la lumière de la Révélation, la folie, l'ignorance et l'arrogance humaines sont pleinement révélées. C'est comme si une grande lumière brillait sur le monde, et que tout ce qui est sombre et secret, tout ce qui est trompeur et malveillant, se retrouvait mis à jour à la Lumière de la Révélation – la faiblesse de la position des gens ; la qualité pitoyable de leur vie ; leur grand besoin d'être rétablis, leur besoin de dignité et de rédemption ; la corruption humaine ; l'imposture des hommes ; ceux qui prétendent être religieux, qui ne sont pas religieux, mais qui utilisent la religion pour le pouvoir et la domination.

Tout cela sera révélé à la lumière de la Révélation, et c'est pourquoi ceux qui nieront la Révélation seront forcés de se prononcer contre elle, car elle menacera leur position ; elle exposera leurs faiblesses, leurs erreurs et leurs dangereuses tendances.

La Révélation est le fruit d'un grand Amour, car Dieu n'est pas en colère contre l'humanité. Car Dieu sait que si les gens n'ont pas le pouvoir et la présence de la Connaissance pour les guider suffisamment dans leur propre prise de conscience, ils agiront bêtement, de façon égoïste et destructrice.

Dieu sait cela. L'humanité, elle, ne le sait pas. Comprendre cela n'est pas seulement une question de croyance. Il s'agit d'une reconnaissance plus profonde, d'une résonance profonde en soi, d'une profonde honnêteté qui vous indique que vous ne pouvez pas vous réaliser par vous-même, et qu'une plus grande Révélation est grandement nécessaire dans le monde.

Les gens peuvent-ils faire preuve d'une telle honnêteté ? Les gens peuvent-ils faire preuve de lucidité à leur propre égard sans se condamner ? Les gens peuvent-ils vraiment faire le bilan de là où ils en sont – qu'ils soient riches ou pauvres, avantagés ou désavantagés – et évaluer dans quelle mesure leurs vies sont devenues vides de sens ? Peuvent-ils faire face à cela et se rendre compte que ce vide est un appel vers Dieu, et que Dieu a répondu ?

La mission du Messager est d'apporter la Révélation à autant de personnes que possible, pendant le temps qu'il lui reste ici sur Terre et pour ceux qui continueront sa grande œuvre avec sa bénédiction, ceux qui porteront le Nouveau Message dans l'avenir, afin de l'apporter à de plus en plus de personnes – aux personnes défavorisées, aux personnes riches, aux pays riches, aux pays pauvres, aux indigènes qui vivent dans la nature, aux habitants des grandes cités.

La Révélation est ici. On peut l'étudier seul. On peut l'étudier avec d'autres avec efficacité. Elle peut être écoutée. Elle peut être lue. Elle peut être traduite clairement. Elle doit être partagée. C'est le devoir de chaque personne qui la reçoit, et ce sera votre désir naturel que de le faire.

Mais comme toutes les grandes Révélations en leur temps, on y résistera et ce sera difficile au début, car le monde ne sait pas qu'il a besoin d'une Révélation de Dieu. Le monde n'est pas préparé à cela, et beaucoup de gens y sont opposés pour des raisons diverses et variées.

Avec le temps, si vous pouvez voir clairement cela, vous verrez que le Messager démontre dans une très grande mesure la vraie réalité de votre vie – à savoir que vous a été envoyé dans le monde pour faire quelque chose d'important. Ce ne sera peut-être pas à une échelle grandiose et mondiale. Mais ce n'est pas ça qui est important.

Tout le monde a été envoyé dans le monde dans un grand but. Et le fait que les gens n'en soient pas conscients ou n'arrivent pas à le trouver à cause de l'oppression politique ou religieuse, ou le fait que les gens n'arrivent pas à le voir, qu'ils n'arrivent pas à l'entendre, qu'ils n'arrivent pas à le ressentir, qu'ils n'arrivent pas à se soutenir l'un l'autre – c'est cela, la tragédie de la famille humaine. C'est la cause de la corruption, des dissensions, des conflits, de la haine et de tout ce qui afflige la famille humaine et l'empêche de devenir un plus grand peuple dans l'univers.

Toutes ces choses qui affligent l'humanité font obstacle à sa liberté dans la Grande Communauté. Un nombre suffisant de personnes doit maintenant prendre conscience de tout cela – peut-être pas tout le monde, mais suffisamment de gens – afin qu'un mouvement plus grand puisse être généré dans le monde, et afin qu'une conscience plus grande puisse être révélée, une conscience qui vit en vérité au sein de chaque personne en ce moment-même.

Apprendre la Révélation signifie rétablir sa relation avec la Connaissance, qui est la partie de vous qui n'a jamais quitté Dieu, la partie de vous qui est toujours en communication, qui est sage et qui n'est pas corrompue par le monde, qui n'a pas peur du monde. Une sagesse et une force qui est la source de tout le courage et de toute l'intégrité que vous pourriez avoir établis jusqu'ici dans votre vie.

Tel est le don du Messager. Tel était le don des Messagers précédents. Mais leur histoire a été modifiée. Et souvent, leurs paroles ont été mal interprétées.

Car toutes les Révélations de Dieu sont là pour restituer à l'individu le pouvoir et la présence de la Connaissance, car telle est sa vraie conscience, et c'est cela qui l'amènera à Dieu, d'une manière pure et efficace.

Le monde est béni, car Dieu a parlé à nouveau. Le monde est béni, car le Messager est dans le monde.

Recevez cette bénédiction. Partagez-là avec les autres. La Révélation est très grande. Vous ne pouvez pas la comprendre en un instant. Vous ne pouvez pas la lire en une phrase. Vous devez venir à elle, en recherchant la sagesse et la pertinence qu'elle contient pour votre vie et pour le monde que vous voyez.

C'est le test, voyez-vous. C'est la difficulté et la grande chance de vivre à une époque de Révélation. C'est le test – le test pour le destinataire.

Dieu ne punira pas ceux qui échouent, mais ils ne seront pas en mesure de recevoir la Révélation, la grande responsabilité et la grande force, la grande clarté et la grande bénédiction qu'elle apportera dans leur vie et à leurs affaires.

Dieu ne punit pas les méchants, car Dieu sait que, sans la Connaissance, la méchanceté émergera.

C'est pourquoi la Révélation appelle les gens à venir à l'intelligence supérieure qui vit en eux, qui est fondamentale à toute chose bénéfique qui puisse leur arriver, à eux et au monde.

Cela apporte une grande clarification à votre compréhension de la Présence et du Pouvoir Divins, de la façon dont Dieu agit dans le monde – le Dieu de tous les univers.

Voilà votre opportunité ; c'est le plus grand moment de l'histoire humaine ; c'est le grand tournant pour la famille humaine, qui permettra de déterminer si à l'avenir elle deviendra une civilisation libre et cohérente ou si elle déclinera et tombera sous la persuasion étrangère.

C'est le grand tournant, le grand défi, la grande opportunité, le grand Appel et la grande rédemption.

Que telle soit votre compréhension.

CHAPITRE 7

L'INITIATION

Tel que révélé
à Marshall Vian Summers
le 28 juin 2011
à Boulder, Colorado

Alors que le monde vaque à ses occupations quotidiennes, le Messager doit proclamer. Il doit proclamer la Nouvelle Révélation de Dieu, car celle-ci détient la clé de la vie et de l'avenir de si nombreuses personnes.

Elle initiera leur Appel, leur grand Appel, lequel ne pouvait être initié par aucun autre enseignement ni aucune autre réalité.

La Nouvelle Révélation est ici pour préparer le monde aux grands changements qui arrivent, aux Grandes Vagues de changement – les grands changements environnementaux, économiques et politiques – qui sont bien plus importants que ce que les gens anticipent aujourd'hui.

De nombreuses personnes attendent la Nouvelle Révélation, n'ayant pas trouvé cette Initiation dans les religions antérieures, dans les traditions du monde. Elles n'ont pas pu trouver la connexion profonde par l'amour, ni par le travail ou toute autre activité. Depuis si longtemps, elles attendent la Révélation.

Pour ces personnes, il ne s'agit pas simplement d'un enseignement ou d'un phénomène. Pour elles, il ne s'agit pas juste d'une chose à propos de laquelle spéculer ou contre laquelle lutter, quelque chose à nier et rejeter. Pour elles, la Proclamation n'est pas outrancière ou inhabituelle. Elle est parfaite.

C'est leur Initiation. Elle détient leur Appel, en communiquant à travers les anciens couloirs de leur esprit, en s'adressant à une partie d'elles qu'elles connaissent à peine, mais qui est au centre de leur Être et de leur présence dans le monde.

Pour ces personnes, le moment est crucial, même si elles n'en comprennent pas complètement le sens ni ce qui sera exigé d'elles dans l'avenir. Pour elles, c'est ce qu'elles attendaient. Elles ont été envoyées au monde pour vivre à une époque de grande transition. Elles ont été envoyées au monde pour prendre part à la construction d'un nouvel avenir. Elles sont davantage connectées à l'avenir qu'au passé. Ce sont les enfants de l'avenir.

Ce qui s'est produit par le passé et ce qui a été révélé antérieurement peut les inspirer ou leur être bénéfique, mais cela ne détient pas leur Initiation ; cela ne détient pas leur grand Appel ; Ces choses ne contiennent pas ce qu'elles ont cherché et attendu depuis si longtemps. Il s'agit là de leur destinée, vous comprenez.

Vous ne pouvez pas changer ce qui a été mis en place avant votre arrivée au monde. Bien que les événements du jour et de l'année modifient votre situation et bien qu'ils aient une incidence sur vos opportunités, votre destinée demeure inchangée.

Vous pouvez lutter contre cela. Vous pouvez être aux prises avec cela. Vous pouvez essayer de remplacer votre destinée par de grands projets, de grandes histoires amoureuses, de grandes entreprises ou par n'importe quel divertissement ou fantasme, mais vous ne pouvez pas changer ce qui a été placé en vous avant votre venue ici.

Comment cela se produira, si cela se produira, le lieu où cela se produira, ces choses peuvent changer et sont modifiées par les circonstances changeantes du monde et par les allégeances mouvantes au sein des personnes, selon leur situation, leur environnement et ainsi de suite.

Si votre destin est de recevoir la Nouvelle Révélation, alors vous ne pouvez trouver votre Appel nulle part ailleurs. Essayez tant que vous voulez. Résistez-y. Niez-la. Tenez-vous à l'écart. Essayez de la critiquer. Essayez de l'amoindrir. Essayez de la tenir en échec. Mais vous ne pouvez pas changer le fait qu'elle détient votre destinée.

Votre mental peut spéculer. Votre mental remettra en question la Nouvelle Révélation. Votre mental considérera tout cela comme ridicule : « ça n'est pas possible ! ». Mais votre cœur saura. Votre âme sera activée.

C'est comme la Voix qui vous a parlé avant votre venue au monde, qui vous a préparé à entrer dans cet environnement difficile et plein de défis. C'est cette Voix – comme cette Voix, comme Notre Voix – qui rétablit la connexion, qui rétablit le centrage et le sens qui sont fondamentaux à votre vie.

Mais au moment de l'Initiation, vous ne comprendrez pas. Ce sera si déroutant. L'Initiation diffère tellement de vos objectifs, de vos idées et des notions que vous avez sur vous-même et sur ce que vous faites dans le monde.

Et tout à coup, c'est comme si vous étiez frappé par la foudre, et, l'espace d'un instant, dans l'obscurité, tout est illuminé. Vous percevez alors la vérité sur votre vie et à quel point vous vous êtes égaré en réalité de votre but et de votre grand Appel, dérivant comme si vous étiez sur un radeau dans l'océan, porté par les vents et les vagues du monde.

Mais Dieu vous a trouvé alors que vous erriez dans le vaste océan. Dieu vous a trouvé. Comme une minuscule poussière à la surface de la mer, vous avez été trouvé. La Révélation vous a trouvé.

Peu importe votre situation ou votre état d'esprit, l'Appel résonnera en vous, car il représente votre destinée. Il ne s'agit pas de la destinée de quelqu'un d'autre. Vous n'avez pas à vous inquiéter pour les autres. Il s'agit de votre destinée à vous.

Vous direz peut-être : « Et les autres ? Qu'en est-il de mon compagnon ? Qu'en est-il de mes enfants ? Qu'en est-il de l'ami qui m'est cher ? »

Mais Dieu a trouvé la poussière dans l'océan, et cette poussière, c'est vous.

Telle est l'Initiation. Elle est mystérieuse. Vous ne pouvez pas la comprendre avec l'intellect. Vous ne pouvez pas contrôler ce qu'elle signifie ou ce qu'elle vous amènera à faire. Elle se situe au-delà de votre contrôle, car Dieu est au-delà de votre contrôle.

Vos grandes idées, vos croyances arrêtées, toutes semblent superficielles et faibles face à la Présence. Vos arguments sont creux. Votre rejet est dépourvu d'émotion réelle. Votre déni n'est pas sincère. Votre refus manque de conviction. C'est parce qu'il s'agit de votre Initiation.

Et une fois que l'Initiation aura été reconnue, après quelques difficultés, le voyage de la préparation se déroulera devant vous. Les Pas vers la Connaissance se dérouleront devant vous. Le rétablissement de votre vie réelle, tout ce que cela exigera de vous, ainsi que votre situation actuelle et vos obligations, tout cela vous sera exposé, étape après étape.

Vous ne pouvez pas atteindre votre but à partir de là où vous êtes, parce que vous êtes à la dérive, et que vous n'avez pas trouvé votre port d'attache. Vous n'avez pas encore en vue la terre où votre vie est censée se dérouler.

Quel moment alors que celui où la Révélation vous frappe ! Cela semble ne durer qu'un instant, mais tout à coup, vous commencez à ressentir toute chose d'une manière différente. Vous avez vécu une expérience qui contraste avec vos expériences habituelles, et celle-ci commence à générer un contraste que vous porterez en vous. Car rien de ce que vous pouvez faire par vous-même ne peut rivaliser avec cette expérience. Elle est plus grande que toutes les expériences que vous avez jamais essayé d'avoir. Elle est supérieure à tout objectif que vous vous êtes jamais fixé.

Et ainsi vous vous sentez effrayé et submergé, confus, mais c'est normal. C'est naturel. Il est certain qu'un changement si subit de votre vie généra de la confusion et de la désorientation. Il est certain que cela désagrégera les illusions que sont vos obsessions et vos distractions actuelles.

Une fois que Dieu a laissé sa marque sur vous, ce n'est pas comme si vous pouviez l'effacer de votre vie, la recouvrir, la faire partir, lui donner une explication ou la rationaliser afin d'en atténuer la puissance. Allez-vous lutter contre la Révélation qui vous est destinée ?

Ce n'est pas par accident que vous êtes tombé sur la Nouvelle
Révélation, ou même que vous en avez entendu parler. Toutes les
forces du Ciel qui vous soutiennent ont essayé de vous mener à ce
moment de reconnaissance et ont essayé d'éviter que vous ne
détruisiez votre vie en chemin. Elles se sont efforcées de limiter les
dégâts que vous aviez déjà faits et les pertes que vous aviez déjà
générées, afin que vous soyez disponible et en mesure de répondre.

L'Initiation peut vous faire vous sentir impuissant et confus, et vous
plonger dans l'incertitude. Vous pourriez même penser qu'il s'agit
d'un grand malheur. Mais du point de vue et de la perspective du
Ciel, vous faites partie des quelques-uns qui sont bénis, vous êtes une
personne à qui on a offert la plus grande des opportunités. Si cela
signifie que vous devez changer votre vie et votre situation, et alors ?
Qu'est-ce que cela représente comparé à qui vous êtes et à la raison
pour laquelle vous avez été envoyé ici ?

Oui, actuellement [ces choses] sont importantes pour vous, et
peut-être sont-elles significatives pour d'autres personnes avec
lesquelles vous êtes en relation. Mais une plus grande opportunité
vous a été offerte, et même plus qu'une opportunité – un appel.

Une fois que cette Initiation aura eu lieu, votre voyage changera,
peut-être de manière imperceptible au début, mais quelque chose
aura modifié le cap de votre vie. Vous ne serez jamais plus la même
personne, en réalité. Même si vous passez votre vie à nier et à rejeter
ce qui s'est passé, vous ne serez plus jamais la même personne.

Vous ne serez jamais heureux avec seulement de simples plaisirs.
Vous ne serez jamais satisfait avec vos objectifs ou vos distractions
d'avant, vos passe-temps ou vos centres d'intérêts d'autrefois.
Quelque chose aura changé.

Du point de vue du Ciel, il s'agit d'une grande bénédiction. Votre vie peut enfin être sauvée. Mais pour vous, cela peut sembler tout à fait différent sur le moment.

Vous devez alors vous accrocher à la Révélation si elle constitue votre Initiation, et vous saurez si elle se situe au cœur de votre Être. Il ne s'agit pas d'une discussion intellectuelle en vous-même. Ce n'est pas un processus rationnel. La rationalité humaine n'est qu'une stratégie d'adaptation pour faire face à un monde imprévisible et plein d'incertitudes. Elle est appropriée dans certaines circonstances et inutile dans d'autres.

Il est important que vous ayez entendu parler du Messager, parce que si l'Initiation a lieu pendant qu'il est dans le monde, alors votre opportunité s'agrandit et devient plus significative. Ce serait un grand malheur si vous le ratiez alors qu'il est ici.

La Révélation ne vient qu'une fois tous les quelques siècles, voire une fois tous les millénaires, et il se trouve que vous vous trouvez ici à cette époque. De la perspective du Ciel, c'est une grande bénédiction, une grande opportunité.

Mais qui peut reconnaître le Messager ? Il paraît tout à fait ordinaire. Son apparence n'a rien de remarquable. Il n'occupe pas une position importante dans le monde. Il se fond dans la foule. Il marche parmi les gens. Personne ne le reconnaîtra, à l'exception peut-être de ceux qui ont été frappés par la Révélation.

Le Messager pourrait ne pas révéler son véritable but et son vrai travail dans le monde à ceux qui le rencontrent, en fonction de la personne concernée. Comment est-il possible que quelqu'un ne voie pas cela ? Comment est-il possible qu'une personne si importante dans le monde passe inaperçue parmi les gens qui se trouvent juste à côté d'elle ?

Telle est la situation délicate du monde. Chacun a des yeux pour voir et des oreilles pour entendre, mais tous regardent dans une autre direction et essayent d'entendre ce qui se trouve dans leur mental, et ce qui confirme leur pensée et non pas ce qui existe réellement.

Alors ils regardent, mais ils ne voient pas. Et ils écoutent, mais ils n'entendent pas. Ils se trouvent à côté du Messager, mais ils n'ont pas conscience de se trouver à côté de la personne la plus importante au monde à cette époque.

Il ne dira jamais une telle chose de lui-même. Il est bien trop humble pour cela, et il faut donc le dire à sa place.

C'est comme si, des siècles auparavant, vous étiez en train de boire le thé à table avec Mohammed, mais sans savoir qui il était. Ma foi, il est comme tout le monde… La Présence n'irradie pas de lui… Il n'est pas tellement magnifique ou omnipotent que tous ceux qui l'entourent se pâment devant sa présence. Il est simplement un homme, ordinairement vêtu, juste un homme. Le voilà… Je le vois maintenant. Il est là-bas. Rien de particulier. Il a dû prêcher avec insistance pour que les gens se mettent simplement à l'écouter. Tout le monde était tellement aveugle autour de lui, seuls quelques-uns furent capables de voir. Tels sont le dilemme et le fardeau du Messager à toute époque de Révélation.

L'Initiation débute avec un impact. Elle débute avec le mécontentement et la prise de conscience que vous êtes en train de chercher, que vous n'êtes pas satisfait de ce que vous avez, de là où vous vous trouvez et de ce que vous êtes en train de faire, parce que ces choses ne représentent pas qui vous êtes et pourquoi vous êtes venu ici.

Ceux qui se croient satisfaits n'ont pas encore pénétré assez profondément en eux-mêmes pour se rendre compte qu'ils se trouvent très loin de là où ils ont besoin d'être et de ce qu'ils ont besoin de faire.

Le but n'est pas le bonheur, mais la préparation, la disponibilité, le contact, la réunion et au bout du compte la contribution au monde, partout où cela peut être approprié pour l'individu. C'est pour cette raison que la poursuite du bonheur est si trompeuse, parce que la Révélation vous mettra mal à l'aise. Elle vous mettra au défi.

Pensez-vous que Dieu viendra vous réconforter alors que vous avez été envoyé au monde pour faire une chose que vous êtes actuellement en train de négliger et que vous n'avez aucune chance d'entreprendre, à moins qu'il vous soit donné quelque chose de plus grand ; à moins que vous soyez appelé à sortir de la foule ; à moins que votre trajectoire soit modifiée par le Pouvoir du Ciel ?

Vous ne serez qu'une petite poussière sur l'océan, un inconnu pour vous-même, un inconnu pour les autres. Même si vous occupez une position importante et que vous avez acquis richesse et prestige dans la société, le caractère vide de votre existence sera omniprésent, sauf si vous avez trouvé l'œuvre de votre vie et que vous êtes en train d'y travailler de votre mieux.

Ceux qui œuvrent ainsi font l'expérience d'une satisfaction et d'un sentiment de valeur et de puissance que tous les autres ratent, peu importe ce qu'ils prétendent à ce propos.

La Nouvelle Révélation de Dieu clarifiera la nature de la spiritualité humaine, qui a été recouverte par des couches de culture, de conventions et de manipulations politiques.

Elle vous fera comprendre que vous êtes né avec deux esprits – un mental issu de ce monde, et qui est conditionné par le monde, et un esprit plus profond en vous qui est encore relié à Dieu. Elle vous montrera clairement que l'intellect a des limites, et qu'au-delà de ces limites, vous devez plonger au-dessous de la surface du mental.

Elle vous fera comprendre que vous ne pouvez pas vous épanouir sans accomplir votre œuvre et votre destinée majeures, et que tous les plaisirs que vous recherchez ne seront que temporaires et ne satisferont pas le profond besoin de votre âme.

Elle vous montrera clairement que vous vivez à une époque de grands changements, durant laquelle l'isolement de l'humanité dans l'univers arrivera à son terme et pendant laquelle les Grandes Vagues de changement déferleront sur le monde – une période de grands bouleversements et d'incertitudes, une période propice à la Révélation.

Les gens peuvent vouloir nombre de choses du Messager – espérant des dispenses, des miracles, voulant croire en un être surnaturel, espérant que leur vie soit enrichie par sa présence et son œuvre.

Ils seront déçus, tout comme les Messagers antérieurs ont déçu de nombreuses personnes. Les gens ne reçoivent pas ce qu'ils veulent des Messagers, et pour cette raison, ils les nient, les rejettent, les évitent et dans certains cas, les détruisent. Les gens ne reçoivent que ce dont ils ont vraiment besoin.

Ce que les gens veulent et la Volonté du Ciel sont deux choses tellement différentes. Si vous pouviez toutefois vraiment discerner les exigences plus profondes de la vie, au-delà de la survie et de l'acquisition des choses simples nécessaires à la stabilité et la sécurité dans le monde, vous vous apercevriez que ce que vous voulez et la Volonté du Ciel sont deux choses identiques, en vérité. Cependant, pour l'individu, cette prise de conscience ne pourrait avoir lieu que dans un état très profond d'honnêteté envers soi-même.

Il est peu probable que vous en soyez tout à fait là. Mais vous qui entendez nos paroles, vous êtes bien arrivé au point où l'Initiation peut avoir lieu. Vous devez écouter avec votre cœur et non pas selon votre jugement, vos idées et toutes les conditions que vous pensez requises pour que la Révélation soit réelle et significative pour vous. Comme si vous étiez capable de déterminer de telles choses…

Même dans leur misère, les gens n'ont toujours pas l'humilité de reconnaître qu'ils ne peuvent pas déterminer les termes d'engagement de leur relation fondamentale avec le Créateur et avec la Volonté du Ciel.

Vos croyances religieuses ne peuvent en réalité pas faire cela, parce que cette relation se déroule au-delà du domaine des croyances. Les croyances ne vous amèneront pas à votre Ancienne Demeure, votre état céleste, parce que les croyances sont trop faibles, trop temporaires. Quand vous quitterez ce monde, vous n'aurez aucune croyance. Elles périssent toutes avec le corps. Vous serez simplement là, vous, tel que vous êtes vraiment.

Votre Famille Spirituelle vous accueillera et vous demandera si vous avez accompli certaines choses. Et, à cet instant, sans le fardeau et l'effet aveuglant de vos croyances, si oui ou non vous avez rempli ces fonctions essentielles vous sera parfaitement évident. Et il n'y aura aucune condamnation en cas de réponse négative de votre part. Cela signifiera simplement que votre travail n'est pas encore achevé.

Vous devez travailler pour prendre le chemin du retour au Ciel, vous comprenez. Vous devez servir le monde séparé, l'univers séparé. Vous devez trouver le chemin de votre retour, par la contribution et par le développement personnel. Vous ne pouvez pas retourner à votre Ancienne Demeure en tant que personne en conflit, triste, opposante et chagrinée. Le Ciel vous semblerait être l'Enfer, si tel était le cas.

Dieu ne se débarrasse pas simplement de tous ces problèmes, parce que Dieu ne les a pas créés. Ils doivent être dé-créés. Dieu vous a donné le pouvoir de la Connaissance, l'intelligence profonde, et un grand Appel afin d'effacer le drame de votre vie et de votre existence passées ; afin de vous restituer la dignité et la raison d'être qu'il vous revient de revendiquer et le dessein qu'il vous revient de servir.

Tout commence avec l'Initiation. Pour être réel et efficace, cela doit débuter par l'Initiation. C'est à ce moment-là que Dieu définit les termes de l'engagement et fixe le commencement de votre véritable voyage du retour.

Vous ne pouvez pas vous ramener vous-même à votre état d'être véritable, parce que vous ne connaissez pas le chemin. Vous ne pouvez pas simplement suivre la prescription de quelqu'un d'autre, parce que l'engagement avec la Connaissance et avec la Présence doit avoir lieu quelque part au cours du voyage, sans quoi il s'agirait d'une entreprise intellectuelle et non pas d'un voyage de l'âme.

Le temps presse pour le monde. Vous ne disposez pas de décennies et de siècles pour vous perfectionner ou pour essayer de résoudre vos dilemmes. L'Appel est pour maintenant. Il est déjà tard.

Cela fera pression sur vous si vous pouvez répondre, mais cette pression réduira le temps que vous prendrez pour répondre et vous préparer. Et il s'agit là d'une grande bénédiction, car le temps équivaut à la souffrance pour ceux qui ne peuvent pas répondre.

Le don se trouve en vous, mais vous ne pouvez pas déverrouiller la porte. Vous n'avez pas la clé. Vous ne pouvez pas découvrir votre nature plus profonde parce que vous n'avez pas encore l'ensemble du tableau. Vous n'êtes pas encore en relation avec votre Source, parce que votre nature profonde est la relation avec votre Source. Comment pourriez-vous la trouvez en vivant en Séparation, perdu dans les océans du monde ?

Tel est le don du Ciel : que votre vie puisse être sauvée. Mais vous devez laisser le chemin vous être montré.

Vous devez répondre à la Révélation. Si vous n'avez pas répondu aux Révélations antérieures de Dieu, alors c'est que vous attendez la Nouvelle Révélation.

À un moment donné, dans un moment de désespoir ou de désillusion, vous ressentirez un profond mouvement en vous. Et vous réaliserez que vous êtes venu dans un plus grand but que vous n'avez pas encore découvert, mais qui vous attend, attendant le moment où l'Appel de votre vie sonnera.

CHAPITRE 8

LA BÉNÉDICTION

*Tel que révélé
à Marshall Vian Summers
le 20 avril 2007
à Istanbul, Turquie*

La Bénédiction est sur l'humanité car il s'agit d'une époque de Révélation. C'est l'époque à laquelle un grand présent est offert à l'humanité, un grand présent qui procure un but et une direction à l'humanité, alors que celle-ci est confrontée à des temps à venir difficiles et incertains.

C'est l'époque à laquelle l'humanité reçoit une compréhension plus large de sa spiritualité, un appel à l'unité, à la coopération et à sa destinée – aussi bien en ce monde qu'au-delà de ce monde, au sein d'une Grande Communauté de vie intelligente dans l'univers.

Car l'humanité a atteint un grand seuil, un seuil à partir duquel il n'y a pas de retour possible – c'est un seuil sans comparaison avec tout autre seuil jamais franchi par l'humanité prise dans son ensemble.

Vous devez dorénavant devenir le peuple de ce monde – et pas seulement le peuple d'une nation, d'une tribu ou d'un groupe. Car vous émergez dans une Grande Communauté de vie intelligente, où tous ceux que vous pourrez rencontrer, et où ceux-là qui vous observent actuellement, vous considéreront comme le peuple de ce monde.

Vous entrez ici dans un panorama de vie plus large et vous entrez dans un environnement compétitif dans l'univers dépassant de loin tout ce que vous pourriez imaginer. La manière dont vous vous conduisez ici, la manière dont vous menez vos relations les uns avec les autres et la manière dont vous considérez votre position dans l'univers – toutes ces choses ont un énorme poids dans la détermination de votre avenir et l'accomplissement de votre destinée au sein de la Grande Communauté, si tant est qu'elle puisse s'accomplir.

Vous avez atteint le grand seuil où vous êtes capables de détruire les ressources vitales de ce monde et de provoquer le déclin permanent de l'humanité.

Vous avez le pouvoir de rivaliser les uns avec les autres, comme vous l'avez toujours fait, conduisant ainsi l'humanité à cet état de grand déclin. Et cependant, vous avez aussi le pouvoir de choisir un autre chemin, de sortir d'un dilemme qui ne fera que devenir plus difficile et inextricable avec le temps.

Ce que vous ferez en tant qu'individu, ce que vous ferez en tant que membre d'un groupe et d'une nation plus larges, cela déterminera laquelle de ces deux grandes options vous choisirez. Si vous continuez à vous comporter comme par le passé, selon vos habitudes, alors votre avenir est prévisible et sera d'une gravité extrême.

Néanmoins, si vous choisissez un autre chemin, vous pouvez alors établir un nouveau commencement et vous pouvez exprimer une plus grande promesse qui réside dans les cœurs de tous ceux qui habitent ici.

La Bénédiction est là pour faire émerger cette plus grande promesse. Elle démarre de l'intérieur de l'individu, bien sûr, mais elle s'étend au-delà de la famille humaine.

Ceci a appelé un Nouveau Message de Dieu dans le monde, car seul un Nouveau Message de Dieu peut contenir une telle Bénédiction. Cela seul a le pouvoir de faire émerger la grande sagesse et la profonde compassion que le Créateur de toute vie a placées en chaque personne.

Il n'existe aucun individu, aucune philosophie, aucune école de pensée qui puisse générer un tel Appel. Celui-ci doit provenir du Créateur de toute vie. Il doit venir du Dieu de la Grande Communauté toute entière – l'Unique Dieu, l'Unique Source, dont les Anges veillent sur le monde et dont le Pouvoir excède de loin tout ce que l'humanité pourrait bien imaginer.

Dieu a placé en chaque personne la graine de la Connaissance, afin que cet Appel puisse recevoir une réponse. Cette Connaissance est une plus grande intelligence attendant d'être découverte en chaque personne, mais son entière existence est en relation avec le Créateur de toute vie.

Il ne s'agit pas d'une ressource que vous pouvez utiliser pour vous enrichir ou obtenir des avantages au détriment d'autrui. Car la Connaissance ne fera rien de tel. Son but et sa réalité sont de répondre au Créateur de toute vie et de répondre au grand Appel qui est émis alors que l'humanité continue d'approcher ce seuil critique de son existence.

Car en effet, c'est à ce tournant crucial que l'humanité choisira la réussite ou la défaite, face à d'immenses difficultés dans le monde et face à des forces concurrentielles antagonistes venant de la Grande

Communauté elle-même, qui cherchent à tirer avantage d'une humanité en difficulté et divisée.

De nombreuses personnes dans le monde ressentent un grand inconfort, un grand malaise concernant la condition du monde, et s'inquiètent gravement pour son devenir et celui de l'humanité. Ils pressentent, sentent, et savent qu'ils vivent à une époque d'une grande puissance, une époque qui déterminera le sort et l'issue de l'humanité. Ce n'est pas tant une compréhension intellectuelle qu'une expérience viscérale, une puissante reconnaissance, un sens inné de la conscience – qui tous proviennent de la Connaissance en eux.

Il n'y a pas d'échappatoire en ces temps cruciaux, pas d'échappatoire à ce grand tournant. Il n'est plus temps de se perdre dans des rêveries et des quêtes individuelles. Car si vous entrez dans cette grande époque – ce grand seuil, cette époque de Révélation – dans un état d'aveuglement et d'obsession personnelle, alors vous ne serez pas en mesure de voir, de savoir et de vous préparer.

Vous pouvez prier Dieu pour la délivrance. Vous pouvez prier Dieu pour la Bénédiction. Mais la Bénédiction et la délivrance ont déjà été placées en vous, en la Connaissance à l'intérieur de vous, attendant le moment où vous atteindrez la maturité, le besoin et la compréhension nécessaires pour qu'un tel pouvoir intérieur soit impérativement invoqué, soit suivi, soit honoré plus que toute chose.

Car il s'agit de votre relation avec Dieu, et le sentiment d'urgence que vous ressentez en vous est l'Appel de Dieu – l'appel à s'éveiller, à devenir conscient et à répondre.

Ne croyez pas que sans votre participation votre vie aura de plus grandes possibilités. Ne croyez pas que vous puissiez traverser l'événement le plus décisif de l'histoire de l'humanité en dormant, tout en escomptant tirer bénéfice des circonstances changeantes alentour. Et ne pensez pas que vous puissiez trouver la paix et l'équanimité en essayant de fermer les yeux sur ces moments cruciaux que vous vivez. Car vous ne trouverez là ni paix ni équanimité. Vous n'y trouverez ni réconfort ni consolation.

Vous vivez en un temps de Révélation. Vous vivez à une époque où l'humanité se trouve face à son seuil le plus critique, à ses défis les plus grands, au plus grand danger de son histoire, mais aussi à son opportunité la plus importante d'établir la coopération et l'unité humaines face à l'ampleur et la gravité de la situation.

Pour voir et savoir cela en vous-même, vous devez être capable de dépasser votre propre déni. Vous devez être capable de dépasser le conditionnement de votre culture. Vous devez être capable de dépasser vos préférences et votre recherche d'un échappatoire. Peut-être pensez-vous que cela n'est pas possible, mais le pouvoir de la Connaissance en vous vous en rendra capable tout comme il en rendra capables les autres.

L'Appel résonne maintenant. Un Nouveau Message de Dieu est dans le monde. Le Messager est dans le monde. Il est maintenant préparé pour présenter le Nouveau Message. Le Message contient la Bénédiction. Il contient l'Avertissement. Il contient la Préparation.

Il n'est pas ici pour remplacer les religions du monde mais pour établir et renforcer ce qu'elles ont en commun, pour les éclairer, pour leur donner force et dessein afin qu'elles puissent avoir un avenir – à la fois dans le monde et dans la Grande Communauté de vie au sein de laquelle l'humanité est à présent en train d'émerger.

Face à ce grand seuil, vos gouvernements n'auront pas de réponse. Vos philosophes n'auront pas de réponse. Peut-être des gens verront-ils une partie de la solution et essaieront-ils de l'exprimer, et cela est nécessaire, mais la réponse doit venir d'une puissance plus grande en vous et d'une puissance plus grande au-delà de vous.

Car ce qui sera requis est un grand changement dans la compréhension humaine et dans le comportement humain. Ces choses doivent être rendues nécessaires par un Grand Pouvoir et par une grande réponse en vous et au sein des gens du monde entier. Il ne sera pas nécessaire que tout le monde réponde, mais un nombre suffisant de personnes en de nombreux lieux devront faire l'expérience de cet Appel et de cette réponse.

Le temps est compté. Ce n'est pas le moment d'être apathique ou indécis. Vous ne serez pas à l'aise en demeurant ignorant et sot face aux Grandes Vagues de changement.

Car une Grande Obscurité est dans le monde. C'est une Obscurité plus profonde et plus lourde de conséquences que tout ce que l'humanité a dû affronter jusqu'à présent.

Elle pénètre dans le monde à un moment de grande vulnérabilité pour la famille humaine, alors que vous faites face à un monde en déclin et alors que vous devez prendre la décision cruciale de choisir si l'humanité prendra le chemin de l'autodestruction – un chemin né de la compétition, du conflit et de la guerre – ou si l'autre chemin, l'autre voie, sera reconnue et réclamée, demandée et exprimée, un chemin vers la coopération et l'unité face à un grand péril.

De nombreux individus, partout dans le monde, commencent à entrevoir les signes de l'évidence de ce grand danger, mais beaucoup demeurent endormis, rêvant à leur réalisation personnelle, inconscients et ne prêtant pas attention aux Grandes Vagues de changement qui balayent déjà le monde.

Aussi, ceux qui peuvent y répondre devront y répondre pleinement –
reconnaître la grande menace, entendre le grand avertissement et
recevoir la grande Bénédiction du Créateur de toute vie.

Il y a une réponse pour l'humanité, mais ce n'est pas une réponse que
l'humanité peut entièrement s'inventer elle-même. Car la réponse
doit avoir le pouvoir d'appeler les gens à un plus grand service
mutuel. Elle doit avoir le pouvoir de vaincre et de dépasser les
idéologies et les tendances politiques, sociales et psychologiques qui
continuent d'opposer l'humanité à elle-même. Elle doit être d'une
puissance suffisante pour inciter la famille humaine à la compassion,
à la tolérance et au pardon.

Il ne s'agit pas simplement d'un ensemble d'idées. Il s'agit du pouvoir
de la rédemption. Il s'agit d'un Appel de Dieu et d'une réponse de la
Création de Dieu – une réponse à l'intérieur des gens, une réponse
en vous.

Par conséquent, recevez la Bénédiction. Vous ne pourrez pas la
comprendre intellectuellement, mais vous pourrez la ressentir et vous
saurez qu'elle est authentique. Vous pourrez sentir la réponse
s'éveiller en vous.

Honorez cette réponse et laissez-la émerger dans votre conscience.
Faites-en votre guide. C'est le système de guidage que le Créateur
vous fournit. Il était endormi en vous alors que vous dormiez autour
de lui.

À présent il doit se réveiller, car le temps de son émergence est venu.
À présent il vous faut regarder au dehors le monde avec lucidité et
objectivité. À présent vous devez laisser de côté les préoccupations
puériles et insensées qui ne peuvent que vous maintenir dans un état
de faiblesse, d'aveuglement et de vulnérabilité.

C'est une époque de Révélation. De tels moments ne viennent que très rarement – lors de grands tournants pour la famille humaine, lors de grands moments d'opportunité où le Créateur de toute vie peut donner à l'humanité une plus grande sagesse et une plus grande Connaissance, une nouvelle inspiration et une nouvelle infusion de pouvoir spirituel.

C'est votre temps. C'est l'époque pour laquelle vous êtes venu. Car vous n'avez pas fait tout ce chemin vers le monde avec l'assistance de la Multitude Angélique simplement pour y être un consommateur – juste pour y faire votre nid, juste pour vous enrichir et pour vous battre avec les autres pour cette enrichissement.

Bien que cela puisse être la réalité de votre vie en ce moment, ce n'est pas votre réalité majeure, qui consiste à apporter quelque chose de plus précieux dans le monde, quelque chose que le monde ne se peut donner lui-même, et à permettre à ce don de réorganiser votre vie et de la réorienter au service de l'humanité et au service de la vie dans ce monde.

Cependant un dessein doit être activé par un grand Appel et par un grand concours de circonstances. Par conséquent ne reculez pas devant les Grandes Vagues de changement qui arrivent, mais bien au contraire, faites leur face. Vous serez effrayé et incertain dans l'ombre qu'elles projettent, mais leur réalité animera également en vous un pouvoir spirituel, et ce pouvoir spirituel émergera grâce à l'Appel, grâce à la Bénédiction.

Car Dieu appelle tous ceux qui sont endormis à s'éveiller maintenant de leurs rêves de misère et d'accomplissement, à répondre à cette grande époque et à se préparer à remettre leurs dons à une humanité en difficulté et ainsi honorer leur mission dans ce monde – une humanité dont le devenir sera maintenant largement déterminé dans les quelques années à venir. C'est la Bénédiction.

Vous pouvez prier Dieu pour beaucoup de choses. Vous pouvez demander à être protégé. Vous pouvez prier pour une opportunité ou un avantage. Vous pouvez prier pour le bien-être des membres de votre famille et des personnes qui vous sont chères. Mais il n'y a pas de meilleure réponse que vous puissiez donner, ni de plus grand cadeau qui puisse être offert, que la Bénédiction. Car la Bénédiction répond à un questionnement bien plus profond qui provient de l'intérieur, qui provient du besoin de votre âme. C'est une communication qui s'étend bien au-delà de la portée de l'intellect ou des besoins du moment. Elle pourvoit bien plus que ce que vous avez appris à demander.

C'est une voie. C'est un chemin. C'est une conscience. C'est un voyage. C'est une montagne à gravir. Telle est la Bénédiction.

Voilà ce qui réarrangera votre vie et lui donnera du sens. Voilà ce qui organisera votre pensée et vous libérera de l'ambivalence et du chaos.

C'est cela, indépendamment des circonstances dans lesquelles vous vous trouvez, qui apportera la Bénédiction dans votre vie, de sorte que les autres la verront, la ressentiront et lui répondront. Elle est intangible. Elle est ineffable. Et pourtant elle possède le pouvoir d'apporter toutes les grandes récompenses au sein de la famille humaine.

Seule la Bénédiction peut préparer et protéger l'humanité. Seule la Bénédiction vous indiquera le chemin pour traverser les temps incertains et difficiles à venir. Et seule la Bénédiction peut vous préparer à la grande obscurité qui est dans le monde – la grande obscurité qui a le pouvoir de déterminer l'avenir de chaque personne qui vit ou qui vivra en ce monde.

C'est un temps qui exige de mettre l'unité humaine, la puissance humaine et la sagesse humaine au premier plan. Car vous faites dorénavant face à une compétition venant d'au-delà de ce monde aussi bien qu'à des circonstances désastreuses au sein de ce monde. C'est un ensemble de circonstances qui est sans précédent dans toute l'existence de l'humanité.

Ne pensez pas qu'une telle réalité représente un avenir lointain ou qu'elle ne plane pas sur vous aujourd'hui. Si vous ne voyez pas l'ampleur du défi, vous ne ressentirez pas la grande nécessité. Si vous ne ressentez pas la grande nécessité, vous ne reconnaîtrez pas la Bénédiction. Vous ne ressentirez pas la nécessité de la Bénédiction. Vous ne verrez pas que, sans la Bénédiction, l'humanité entrera dans une période de déclin prolongé dans des circonstances graves, d'une immense difficulté.

Dieu comprend la situation difficile dans laquelle se trouve l'humanité, même si l'humanité elle-même ne la reconnaît pas. Dieu connaît le besoin de votre âme, même si vous ne pouvez vous-même pleinement le ressentir en vous. Dieu sait ce qui va arriver à l'humanité et il appelle l'humanité à se préparer à s'éveiller et à devenir consciente pour se préparer.

La Volonté de Dieu et la décision humaine sont deux choses différentes. Par conséquent, l'issue dépendra des gens. Le Créateur a déjà octroyé le grand don de la Connaissance. Les Anges veillent sur le monde. Mais l'issue est entre les mains des gens.

Les gens peuvent choisir – comme beaucoup d'autres races de la Grande Communauté l'ont fait au cours de temps immémoriaux – de faillir, de décliner, de tomber sous la persuasion et la domination d'autres forces. Cela est arrivé un nombre incalculable de fois – tant dans ce monde que dans l'immensité de l'univers.

Ce que Dieu veut et ce que les gens choisissent et veulent pour eux-mêmes sont deux choses différentes. Et c'est là le problème. C'est là l'énigme. C'est là ce qui génère la grande Séparation. C'est ce qui vous rend incapable de suivre la Connaissance en vous. C'est ce qui maintient les gens dans l'aveuglement, engendrant un comportement insensé et destructeur. Par conséquent, si vous pouvez reconnaître le problème, vous vous mettez en position de reconnaître la solution.

L'Appel doit venir de Dieu. La réponse est dans la Connaissance en vous et dans la Connaissance en chaque personne. Il n'y a pas de compétition ni de conflit au sein cette Connaissance, car elle est présente en chacun. Quelle différence cela fait avec vos théories et vos idées, vos prescriptions et les prescriptions de vos sociétés !

En fin de compte, l'humanité doit agir avec courage et prendre des décisions difficiles. Mais l'Appel est là.

Vos décisions et vos actions doivent suivre la Bénédiction et non la précéder.

Permettez-vous de recevoir le cadeau de la Bénédiction et ensuite, étape par étape, vous saurez quoi faire – quelles séries d'actions entreprendre, les seuils que vous devrez franchir et les changements que vous devrez effectuer en votre pensée et dans les circonstances qui vous sont propres. Action et compréhension suivent la Bénédiction.

Pour donner, vous devez d'abord recevoir. Pour savoir, il faut d'abord ouvrir les yeux. Pour avoir le pouvoir et le courage de répondre, vous devez voir le besoin et ressentir la grandeur des temps auxquels vous vivez.

Vous devez préparer votre mental et vos émotions. Vous devez vous préparer afin de recevoir la Bénédiction et de ressentir la grande réponse en vous, le puissant Appel de la Connaissance en vous. Vous devez permettre à cette Connaissance d'émerger lentement, sans essayer de la contrôler, de la dominer ou de la manipuler de quelque façon que ce soit.

De cette manière, la Bénédiction prendra en vous et grandira en vous. Car la Bénédiction n'est pas une chose momentanée. Ce n'est pas une chose que vous expérimenteriez comme un éclair lumineux. Elle n'illumine pas le paysage nocturne durant juste une seconde.

Elle initie un processus d'émergence. Elle initie un processus de renouveau. Elle initie le processus de rédemption capable de diriger et d'accomplir le restant de votre vie ici. Tel est le grand besoin de l'humanité et tel est le grand besoin de votre âme et de celle de tous ceux qui demeurent ici.

Puisse maintenant le pouvoir de la Bénédiction et la gravité de votre situation se révéler à vous avec la plus grande force. Et puissiez-vous dépasser les premiers sentiments de peur, d'insécurité et d'impuissance afin de répondre et de permettre à la réponse d'arriver dans votre vie, comme elle le fera aujourd'hui, demain et chaque jour qui suivra. Car l'époque de la Révélation est là. Et vous êtes là, à l'époque de la Révélation.

CHAPITRE 9

VIVRE À UNE ÉPOQUE DE RÉVÉLATION

Tel que révélé
à Marshall Vian Summers
le 27 septembre 2011
à Leadville, Colorado

Pour la première fois dans l'histoire de ce monde, vous êtes en mesure d'être témoin du processus de révélation. Avec l'aide de la technologie moderne, l'ensemble du processus est enregistré, afin qu'il ne puisse y avoir aucune erreur dans les interprétations futures, comme cela a si souvent été le cas par le passé.

Ce n'est pas simplement la Révélation elle-même qui est importante. C'est le processus de la Révélation lui-même – pouvoir entendre la Voix, tellement semblable à celle qui parlait à Jésus, Bouddha et Mohammed, ainsi qu'à de nombreux autres grands enseignants, aussi bien connus que méconnus dans l'histoire de ce monde.

Il s'agit d'une occasion unique et d'une profonde éducation qui peuvent clarifier de nombreuses erreurs dans la pensée religieuse et jeter sur toutes les précédentes Révélations de Dieu un éclairage nouveau et plus juste.

Car dans l'histoire de ce monde et de tous les mondes, le processus est le même. Un individu est sélectionné et envoyé dans le monde. Lorsque cette personne atteint un certain stade de développement et de maturité, elle est appelée hors des circonstances ordinaires, appelée à un grand rendez-vous, une grande rencontre avec la Présence Angélique qui supervise ce monde. Cette personne est alors appelée à un plus grand service et préparée à un plus grand service, car elle se prépare à apporter quelque chose de nouveau et de révolutionnaire dans le monde.

Il ne s'agit pas simplement d'améliorer les compréhensions ou les croyances du passé. Il s'agit là de quelque chose de réellement nouveau et révolutionnaire. Ce n'est pas simplement une amélioration, un rajout ou une nouvelle perspective concernant quelque chose qui a déjà été fourni et qui est bien établi. Il s'agit d'un nouveau seuil.

Vous avez l'opportunité d'être témoin de la Révélation, du processus de Révélation, de la clarification de la Révélation et de la signification de la Révélation pour votre vie et pour le monde entier.

Car il s'agit d'un message pour le monde entier, pas seulement pour une tribu ou un peuple ou une nation ou une région. Ce n'est pas une révision de ce qui a été donné auparavant. Ce n'est pas une réaction à ce qui a été donné auparavant. Ce n'est pas le complément d'un quelconque enseignement ou d'une quelconque théologie existant dans le monde. C'est quelque chose de nouveau et de révolutionnaire. Cela représente un grand seuil et un grand défi pour la famille humaine.

Où que vous habitiez, quelle que soit la nation dans laquelle vous vivez, quelle que soit votre situation, vous vivez à une époque de Révélation, aussi grande que toute époque de Révélation par le passé.

Votre capacité à répondre à la Révélation déterminera l'avancement de votre préparation, votre ouverture, votre honnêteté et votre sincérité. Car tout ce qui est faux, tout ce qui est mensonger, tout ce qui est corrompu ou erroné est révélé à la Lumière de la Révélation.

Qui peut recevoir un nouveau Messager de Dieu ? Qui le rejettera ? Comment les gens répondront-ils ? Vont-ils seulement répondre ?

Tout est révélé à une époque de Révélation – la valeur des compréhensions religieuses, la pureté des fois religieuses, la clarté et l'honnêteté des approches, l'ouverture des cœurs et des esprits. Tout cela est révélé à une époque de Révélation. Et vous vivez à présent à une époque de Révélation.

Un seul homme a été préparé et envoyé dans le monde. Personne d'autre ne peut y prétendre, car seul le Ciel sait qui est choisi et qui ne l'est pas. Ceux qui se choisissent eux-mêmes et qui s'élisent eux-mêmes ne peuvent tout simplement pas apporter une Nouvelle Révélation dans le monde. Ils n'ont pas le pouvoir et la clarté, et, plus important encore, ils n'ont pas la Révélation elle-même.

Tout est révélé à une époque de Révélation.

Le processus de Révélation est tellement différent des histoires, des fantasmes et des miracles que les gens attribuent à de tels événements, des événements tellement majeurs dans l'histoire humaine qu'ils ont été glorifiés et intensifiés pour paraître complètement extraordinaires, afin d'essayer de donner une importance et une signification plus grandes aux enseignements qui émergeaient d'événements si importants.

Mais tous ces grands événements ont des débuts humbles. Ils ne sont pas grandioses et sensationnels. Ils ne sont pas pleins de miracles et d'événements extraordinaires où tout le monde est frappé de stupeur. C'est la différence entre la réalité et l'invention des hommes.

Mais la Révélation est extraordinaire. Elle est rare. Car Dieu envoie un Nouveau Message dans le monde peut-être une fois par millénaire, à une époque de grand seuil, de grands défis et de grandes difficultés pour la famille humaine ; à une époque de grandes opportunités et de grands besoins, durant laquelle une nouvelle Révélation doit être donnée, pas simplement un autre commentaire sur ce qui a été donné auparavant.

C'est donc ce qui, au-delà des idées et des croyances, doit atteindre l'auditeur dans une partie plus profonde en lui, une plus grande intelligence intérieure, une partie de lui-même que Nous appelons la Connaissance.

Vous ne pouvez pas tromper la Connaissance. Il n'y a aucune erreur de perception à ce niveau. Mais hélas, si peu de gens ont suffisamment atteint cet état de conscience, cette connexion plus profonde, pour pouvoir voir clairement et suivre la Connaissance, qui représente la direction de la Volonté et du Dessein de Dieu dans le monde.

La Révélation que vous avez devant vous est la plus grande et la plus vaste Révélation jamais donnée à l'humanité, car elle parle à un monde sachant lire et écrire, à un monde de communications planétaires, à un monde de plus grande sophistication et à un monde dont les besoins, la confusion et la misère sont profonds et s'accroissent.

C'est la première grande Révélation qui soit donnée à une communauté mondiale, à une population sachant lire et écrire. Et c'est pourquoi elle doit maintenant parler avec une plus grande clarté, une plus grande insistance, une plus grande sophistication et une plus grande complexité.

Car vous ne pouvez pas être un enfant et affronter ce que vous aurez à affronterez dans le monde et au-delà. Vous ne pouvez pas vous contenter de suivre aveuglément et vous préparer pour les Grandes Vagues de changement qui arrivent sur le monde ou pour la rencontre de l'humanité avec la vie intelligente dans l'univers – le plus grand événement dans l'histoire et le plus lourd de conséquences qui soit.

Vous ne pouvez pas simplement adorer Dieu et considérer que vous réalisez votre destinée ici, car chacun d'entre vous a été envoyé dans le monde dans un plus grand but qui est relié à l'évolution du monde et à la réalité des besoins humains qui vous entourent.

Il n'y a que la Connaissance en vous qui sache ce que cela signifie spécifiquement et ce qui doit être fait pour vous y préparer ; ce qui doit être accompli par votre intermédiaire et par l'intermédiaire d'autres personnes avec lesquelles vous vous associerez naturellement pour servir un plus grand but.

La Révélation n'est pas ici pour créer un panthéon de dieux ou des histoires fantastiques qui semblent invraisemblables et difficiles à croire. Elle n'est pas tant là pour faire de vous des serviteurs de Dieu que pour vous encourager à représenter la Volonté et le Dessein Divins, ce que seule la Connaissance en vous peut vous permettre de faire.

C'est une grande révélation pour un avenir qui sera différent du passé – pour un monde en déclin ; un monde de ressources qui diminuent ; un monde de destruction environnementale ; un monde où il sera plus difficile de prendre soin des gens, de fournir de la nourriture, de l'eau, des médicaments et de l'énergie partout dans le monde ; un monde de dangers plus grands et de plus grande discorde ; et au-delà, un monde qui est confronté à une intervention de races de l'univers qui sont ici pour profiter de la faiblesse et des attentes des humains.

Ainsi le Message est très puissant, mais il se doit de clarifier beaucoup de choses. Et le Messager doit proclamer cela et être capable d'en enseigner la signification. C'est quelque chose qui a demandé plusieurs décennies de préparation. Cela a pris plusieurs décennies au Messager pour seulement recevoir le Nouveau Message de Dieu. Il est si vaste et inclusif.

Le Messager doit être un homme sans position sociale, mais il doit être bien éduqué et plein de compassion. Il doit être simple et humble. Il doit s'exprimer avec clarté, en des termes que chacun puisse comprendre. Il doit démontrer au travers de sa vie la valeur de son Message et ce que signifie vivre et étudier une Nouvelle Révélation.

Il n'est pas parfait, mais aucun des Messagers n'a jamais été parfait. Il ne va pas produire des miracles pour les masses, parce qu'aucun des Messagers n'a réellement fait cela. Il est ici pour ouvrir la porte vers une expérience plus profonde de la Présence et de la Puissance divines dans la vie des gens partout dans le monde – riches et pauvres, au nord comme au sud, à l'est comme à l'ouest, dans toutes les nations, dans toutes les religions. Il n'est pas ici pour remplacer les religions du monde, mais pour leur apporter une plus grande clarté et une plus grande pertinence.

Car l'humanité doit se préparer pour les Grandes Vagues de Changement qui arrivent sur le monde si la civilisation humaine veut survivre, être stable, et être une fondation pour les plus grands accomplissements de l'humanité dans l'avenir.

L'humanité doit aussi être préparée et éduquée pour la vie dans l'univers, car vous aurez besoin de comprendre ce qui se passe pour pouvoir déterminer comment vous répondrez à la présence d'une intervention dans votre propre monde.

Aucune des religions du monde ne peut vous préparer à ces choses, car elles sont issues d'une époque antérieure, et bien qu'elles soient extrêmement importantes pour l'humanité, il faudra une Nouvelle Révélation de Dieu pour sauver la civilisation humaine, pour apporter une plus grande unité entre les religions du monde, pour mettre un terme à la guerre et aux conflits, de sorte que l'humanité puisse se préparer pour les grands défis à venir.

Vous ne pouvez pas être ancré dans le passé et comprendre une révélation pour l'avenir. Vous ne pouvez pas être inflexible sur vos points de vue religieux et comprendre comment Dieu parlera à nouveau et pourquoi Dieu a parlé à nouveau, et ce que cela signifie pour vous et pour les autres. Votre cœur ne peut être fermé, ou vous n'entendrez pas et ne verrez pas.

Vous devez aimer suffisamment l'humanité pour accorder de la valeur à une telle révélation, pour apprendre à vivre selon ce qu'elle enseigne, pour recevoir le pouvoir qu'elle offre, la Grâce et la compassion qu'elle fait ressortir.

Le Messager a un chemin périlleux à parcourir, car il y aura beaucoup de résistance à la Nouvelle Révélation, comme il y a toujours eu une grande résistance aux révélations de Dieu dans le monde par le passé, quels que soient le lieu et l'époque où elles furent données.

Il ne parlera pas dans chaque ville. Il ne sera pas présent à chaque événement. Il parlera seulement ici et là. Cependant son Message sera diffusé dans le monde, et la Révélation sera présentée au monde avec ses propres commentaires, ses propres directives, ses propres clarifications. Ce n'est pas quelque chose qui sera laissé à l'interprétation et aux commentaires de futurs érudits, ou des individus en général, car cela s'est avéré dangereux et malheureux par le passé.

C'est pourquoi la Révélation est si explicite et si répétitive. C'est pourquoi elle clarifie toute chose, pour minimiser les possibilités d'erreur humaine, de perception erronée et d'incompréhension.

Elle restitue le pouvoir de la Connaissance à l'individu, un pouvoir qui était seulement le privilège de l'élite et des élus auparavant. Elle parle de la conscience plus profonde de l'humanité, la conscience qui a été établie avant même que vous veniez ici afin d'être votre guide et votre conseillère pour toutes les choses importantes.

Le Messager ne doit pas être adoré. Il n'est pas un dieu. Aucun des Messagers n'était un dieu. Ils étaient des Messagers – mi-humains, mi-sacrés – représentant les deux réalités : la réalité du monde et la réalité de l'Ancienne Demeure d'où vous êtes tous venus et où finalement vous retournerez tous.

Sa présence clarifiera ce qui doit être clarifié. Sa voix parlera aux esprits et aux cœurs de ceux qui peuvent entendre. Il parlera aux besoins du monde et aux besoins du cœur et de l'âme. Il n'apporte pas seulement les réponses, mais la réponse elle-même. Car Dieu a placé une plus grande intelligence et un plus grand esprit en chaque personne, mais c'est quelque chose qui est ignoré de la plupart, à l'exception de quelques rares individus.

Ce ne seront pas simplement la technologie et l'ingéniosité humaines qui pourront vous préparer convenablement à l'avenir, à la Grande

Communauté elle-même. Ce devra être quelque chose de beaucoup plus profond et de beaucoup plus essentiel à votre nature et à votre Être. Le Messager parlera de ces choses.

Tout cela fait partie de la Révélation, voyez-vous. Dieu ne vous donne pas une réponse pour la journée ou une réponse pour le lendemain, mais une réponse pour tous les jours et toutes les situations.

Dieu n'a pas à diriger votre vie, car le Seigneur de tous les univers ne s'occupe pas de vous de cette façon-là. Dieu est plus intelligent. Dieu a mis la Connaissance en vous, une intelligence capable de vous guider à la perfection et qui doit être distinguée de toutes les autres voix, impulsions, désirs et peurs dans votre esprit.

La Révélation a fourni les Pas vers la Connaissance, le chemin pour accéder à ce qui est la dotation la plus grande que Dieu puisse jamais offrir à l'humanité ou à toute autre race émergente ou avancée dans l'univers.

Votre compréhension du divin doit à présent être intégrée dans un plus grand panorama de la vie. Votre compréhension ne doit pas être fixée dans le passé, mais doit au contraire être souple et capable de s'adapter à l'avenir, à mesure que des changements de plus en plus grands se produisent en vous et autour de vous. Votre Seigneur doit désormais être le Seigneur de tous les univers, un Seigneur de milliards de milliards de milliards de races et bien plus.

Cela fait partie de la Révélation pour l'humanité, tellement différente et plus vaste que toute Révélation ayant jamais été donnée. Avec cela, vous saurez apprécier toutes les Révélations et tirer la sagesse qui réside en chacune.

Si vous êtes un fervent Chrétien, votre Christianisme va à présent se développer et s'élargir. Si vous êtes un fervent Musulman, votre foi et votre pratique vont à présent se développer et s'élargir. Si vous êtes un Bouddhiste pratiquant ou si vous êtes de la foi Juive ou de toute autre voie religieuse, votre voie sera élargie par la Nouvelle Révélation. Le Messager parlera de ces choses. La Révélation parle de ces choses.

Et, pour la première fois, vous entendrez la Voix de la Révélation. Il n'avait jamais été possible d'enregistrer auparavant la Voix de la Révélation pour des raisons évidentes, mais désormais vous pourrez entendre la Voix de la Révélation. C'est une chose merveilleuse, mais c'est aussi un défi pour vous, car si vous ne pouvez pas entendre ceci, si vous ne pouvez pas le reconnaître, alors vous devez faire face à vos propres écueils. Vous pourriez critiquer la Révélation, la nier ou l'éviter, mais cela ne ferait que montrer votre faiblesse et vos limitations.

Que Dieu doit-il faire de plus pour vous ? Si vous ne pouvez pas recevoir la Révélation, que Dieu peut-il faire pour vous ? Dieu a donné une réponse au monde entier et à chacun individuellement – à votre foi, à votre tradition, à votre religion, à votre culture et à votre nation. Voulez-vous des faveurs ? Voulez-vous des dispenses ? Voulez-vous être soulagé des difficultés de la vie ? Voulez-vous être dorloté ? Voulez-vous des miracles à chaque instant ? Voulez-vous être dans une sorte d'assistanat vis-à-vis des Cieux, comme si vous étiez sans défense et impuissant dans le monde ?

Dieu vous donne la force par la Connaissance et fait appel à la Connaissance par l'intermédiaire de la Nouvelle Révélation.

Ce n'est pas Dieu qui sauvera le monde, mais ce sont les gens qui ont été envoyés ici pour sauver le monde qui le feront. Et ils joueront leur rôle – modeste mais important – et il sera plus grand que ce qu'ils en comprennent. Et ce sera différent de leurs ambitions et de leurs objectifs personnels. Et cela les sauvera et les ravivera, leur retournant la force et le Pouvoir du Ciel, qui sont incarnés par la Connaissance en eux, profondément enfouie sous la surface du mental.

Vous avez l'occasion de comprendre le processus de Révélation. Et si vous pouvez comprendre cela, vous verrez quel miracle il est en vérité. Et vous ne transformerez pas le Messager en un dieu mais vous lui accorderez le respect et la déférence qu'il mérite. Et vous serez honnête dans votre approche – ne rejetant ni ne méprisant la Révélation, mais l'écoutant, l'expérimentant et l'appliquant suffisamment à votre vie pour que vous puissiez en comprendre le grand but et la grande signification pour vous.

Les gens veulent que Dieu fasse beaucoup de choses pour eux – qu'Il les sauve des calamités, qu'Il leur donne de bonnes occasions, qu'Il guérisse les malades, qu'Il renverse les gouvernements corrompus et oppressifs, qu'Il les rende riches, qu'Il les rende heureux, qu'Il les rende satisfaits ou fasse qu'ils soient en paix.

Mais ce que veulent les gens et ce que veut Dieu ne sont pas la même chose, pas au début. Car les véritables besoins de votre cœur résonnent avec la Volonté de Dieu, mais les véritables besoins de votre cœur et de votre âme peuvent pour l'instant se situer au-delà de votre conscience. Une plus grande honnêteté vous y mènera.

Dieu a fourni le pouvoir de la Connaissance, et avec lui, le chemin et l'engagement avec la vie qui sauvera l'individu. Cela est au service de tout le monde, même des mauvais, même des plus pauvres d'entre les pauvres.

Ici, il n'y a pas de héros ni de maîtres. Il n'y a que ceux qui sont plus fortement reliés à la Connaissance et qui peuvent démontrer sa grâce et son pouvoir dans le monde.

C'est tellement différent de ce que les gens apprennent à penser et à croire. Mais les pensées et les croyances sont à la surface du mental. Sous la surface se trouve la grande ouverture vers votre vraie nature et vers le pouvoir de la Connaissance.

Vous ne réalisez pas encore combien c'est important et combien c'est au centre de votre vie. C'est pourquoi la Révélation doit apporter une clarification sur ce qu'est réellement la religion et ce qu'elle signifie, sur ce qu'est réellement la spiritualité et ce qu'elle signifie, et comment toutes les vraies pratiques spirituelles sont en essence des pas vers la Connaissance.

Mais il est difficile de trouver cela dans les religions du monde, tant elles ont été recouvertes par des couches de rituels, de traditions, de commentaires et d'interprétations erronées. Pour beaucoup, elles sont devenues des croyances rigides ; pour d'autres, seulement une consolation. Le vrai pouvoir ne peut être trouvé qu'à l'intérieur de chacun, à l'aide d'un grand enseignant et d'un guide sage.

L'humanité n'a pas le temps pour cela maintenant, car il est tard. Entreprendre un grand voyage dans la vie n'est pas simplement réservé à certains individus. C'est à la famille humaine toute entière de se préparer de la façon la plus pratique et la plus essentielle pour le grand changement qui arrive sur le monde et qui commence déjà à déferler sur les côtes et à submerger les villes, à pousser des nations au conflit, à assombrir vos cieux, à polluer vos rivières, à menacer les ressources mêmes dont vous dépendez chaque jour.

La Révélation n'est pas là pour vous effrayer mais pour vous restituer votre pouvoir ; pour vous donner force, courage et détermination ; pour vous donner compassion et tolérance ; pour vous donner le pouvoir de la Connaissance, qui est la source de votre force et de votre intégrité véritables.

Le monde est changé, mais les gens n'ont pas changé avec lui. Les Grandes Vagues arrivent mais les gens ne le savent pas. Une intervention est en train de se produire dans le monde, mais les gens n'en sont pas conscients ou pensent peut-être que c'est une chose merveilleuse.

Il faudra une Révélation du Créateur de toute vie pour préparer l'humanité, pour réveiller l'humanité et pour fortifier et unir l'humanité afin qu'elle ait un plus grand avenir et qu'elle survive au grand défi pour sa liberté et sa destinée.

Il y a tant à apprendre. Il y a tant de choses à laisser de côté, tant de choses à remettre en question, tant de choses à reconsidérer. Une Révélation de Dieu apporte tout cela. C'est un grand défi pour ceux qui la reçoivent, pour tous ceux qui sont ainsi bénis de la recevoir.

Et tant que le Messager est dans le monde, vous avez cette grande opportunité de l'entendre, de prendre en considération ses paroles et la signification de sa présence dans le monde à cette époque.

Pour beaucoup, ce sera un grand choc. Beaucoup s'y opposeront. Beaucoup le recevront.

Mais il faudra un grand choc pour éveiller l'humanité à la réalité de sa situation et aux circonstances auxquelles elle doit se préparer. Il faudra le choc de la Révélation. Il faudra le choc de l'avenir. Il faudra la réalité de ce moment présent, la prise de conscience que vous ne vivez pas la vie pour laquelle vous avez été envoyé ici, et la prise de conscience que vos idées seules ne peuvent pas vous préparer à de plus grandes choses, que vous devez avoir le pouvoir de la Connaissance, laquelle est la force du Ciel qui vous a été donnée.

C'est le sens de la Révélation. Ce n'est pas seulement une révélation d'idées. C'est une révélation de l'expérience. C'est une révélation de la véritable nature, de la véritable origine et de la véritable destinée de chacun.

Que vos yeux soient ouverts à cela. Que votre cœur soit réceptif. Que vos idées soient assez flexibles pour être révisées. Et puissiez-vous réaliser que vous êtes ici pour servir un plus grand but, que vous-même ne pouvez pas inventer ou diriger. Que la Révélation soit la vôtre, et soit donnée aux autres à travers vous. Que le Messager soit reconnu et honoré dans le temps qui lui reste sur Terre. Et que cette époque soit une époque de grande bénédiction, de grande clarification et de grand encouragement pour vous qui cherchez le but supérieur et la grande direction de votre vie.

CHAPITRE 10

L'ASSEMBLÉE

Tel que révélé
à Marshall Vian Summers
le 16 février 2013
à Boulder, Colorado

Il existe une grande Assemblée, la Présence Angélique, qui veille sur ce monde et qui a veillé sur ce monde depuis très longtemps.

Combien cela est différent, cependant, des notions et des croyances des gens, de la façon dont ces grands Êtres ont étés dépeints par le passé dans vos livres ayant trait à la religion et dans les témoignages de certaines personnes.

Dieu ne gère pas le monde. Dieu ne gère pas le climat. Dieu ne fait pas circuler le sang dans vos veines, ou couler les eaux des falaises, ou germer les graines dans le sol – car tout cela a été mis en mouvement au commencement des temps.

Mais Dieu a assigné une Présence pour veiller sur le monde durant l'ensemble de ses rencontres et de ses épisodes tragiques au cours de l'histoire – guettant ces personnes qui sont prometteuses ; apportant des choses au monde à des tournants décisifs de l'évolution de l'humanité ; envoyant l'un des leurs dans le monde pour apporter un nouvel Enseignement et une nouvelle compréhension afin de changer la conscience de l'humanité et afin de modifier, si possible, le cours de l'humanité de manière positive.

Ceux que vous honorez en tant que grands Messagers, les grands Saints, les grands Enseignants – tels que Jésus, Bouddha et Mohammed – viennent de cette Assemblée, voyez-vous. Mais quand ils sont dans le monde, ce sont des êtres humains. Ce qui les distingue, c'est qu'ils sont ici pour une mission plus grande, avec un ensemble de responsabilités plus grand, et notamment envers ceux qui les ont envoyés. Leurs vies sont des épreuves. Leurs vies sont exigeantes. Ce n'est pas un chemin pour ceux qui sont timorés, ni pour ceux qui recherchent le plaisir et le repos ici sur Terre.

L'Assemblée veille sur le monde – à l'écoute, dans l'attente de demandes qui soient vraiment authentiques et qui représentent un appel honnête, en particulier si celles-ci marquent un tournant dans la vie d'une personne ; en particulier si elles s'avèrent la manifestation d'un plus grand désir de contact, qui n'est pas issu de l'ambition, qui ne vient pas simplement de la sottise ou d'une quête d'expérimentations.

C'est là le signal indiquant que quelqu'un est prêt à commencer à s'éveiller. Seul le Ciel sait quel est ce signal, ce à quoi il ressemble, ce qu'il signifie et la manière dont il devrait être considéré.

Pour vous ici sur Terre, l'Assemblée est telle le Ciel – un pont entre ce monde et votre Ancienne Demeure d'où vous êtes venu et où vous retournerez par la suite.

Tous ceux qui vivent dans la Séparation, au sein de la réalité physique, dans le monde et dans l'univers, finiront par retourner à leur Ancienne Demeure.

Mais tant qu'ils sont ici, ils sont prisonniers de leurs propres intentions. Ils sont prisonniers de leur culture et de leur nation, dans un univers où la liberté est tellement rarissime. Pourtant, chacun a été envoyé ici dans un but supérieur – un potentiel, une graine de sagesse, la possibilité qu'une plus grande vie soit initiée, à condition que les circonstances soient favorables et que le degré d'honnêteté et de conscience de l'individu le permettent.

Dans chaque monde de l'univers où des êtres sensibles ont évolué, ou vers lequel ils ont migré et qu'ils ont colonisé, il y aura une Assemblée – une grande Assemblée ou une petite Assemblée, en fonction du nombre de personnes et de la nature et des conditions de cette culture et de cette nation dans l'univers.

Il s'agit là d'un Plan à une échelle que vous ne pouvez pas même imaginer. Vos religions ne peuvent pas en donner la mesure. La portée de votre théologie est beaucoup trop limitée pour englober quelque chose de cette ampleur. Quels que soient les efforts que vous fassiez pour interpréter les signes et les symboles de la vie sur Terre, vous ne pourrez pas interpréter cela. Votre intellect n'a pas été créé pour interpréter quelque chose de cette ampleur.

Mais en vous se trouve le pouvoir de la Connaissance que Dieu a placé là – une intelligence plus profonde, un esprit plus profond. C'est cet esprit que l'Assemblée attend. Car si cet esprit plus profond en vous peut émerger dans le cadre et les circonstances de votre vie et être accepté, suivi et reçu, vous commencerez alors un nouveau voyage dans la vie. En cela seulement pourrait-on dire qu'il vous est possible de renaître dans le monde. C'est seulement en cela que ce peut être vrai, avoir un sens et s'avérer valable.

Des membres de l'Assemblée assisteront certaines personnes dont la contribution au monde est plus grande, mais seulement si la Connaissance profonde au sein de ces individus envoie le message – le message que l'Assemblée attend et recherche parmi ceux qui vivent dans la Séparation.

Dieu vous permet d'être dans la Séparation. Dieu vous permet de souffrir. Dieu vous autorise à faire des erreurs, parce que c'est la raison pour laquelle vous avez choisi la Séparation – pour avoir cette liberté.

Mais comme il n'y a pas de véritable alternative à la Création, votre existence ici n'est que partiellement réelle. Votre existence est toujours connectée à la Création, mais elle est un environnement changeant, qui évolue – un environnement où votre vie est temporaire et est fortement mise à l'épreuve et fortement menacée par de nombreuses choses ; où l'erreur et l'échec seront les conséquences de la vie sans cette Connaissance pour vous guider.

Dieu permet que cela se produise, parce que vous avez été faits pour être libres. Vous êtes même libres d'essayer de ne pas être qui vous êtes vraiment. Vous êtes même aussi libres que cela.

Mais vous ne pourrez jamais réussir dans la Séparation, car la Connaissance vit en vous. C'est la partie de vous qui n'a jamais quitté Dieu, et qui répond encore au Pouvoir et à la Présence du Seigneur de la Création, et à la Création elle-même.

Pensez à vos enseignements religieux dans le monde – les histoires, les enseignements, le vaste ensemble d'idées qui y sont associés – et considérez-les à la lumière de ce que nous vous disons aujourd'hui. Nous vous donnons une vue d'ensemble de votre vie. Voyez le contraste et vous commencerez à voir que vous devez entreprendre un nouveau voyage.

Vos anciennes idées sur la religion et sur la spiritualité ne peuvent vous servir que dans une certaine mesure. Au-delà, elles doivent être mises de côté, car seul Dieu connaît le chemin du retour. Seul Dieu connaît le sens de votre véritable existence et le but spécifique qui vous a amené dans le monde à cette époque et dans ces circonstances.

L'intellect doit s'incliner en fin de compte. Il ne peut que suivre lorsqu'il sert une réalité plus grande. Pour cela, il faut de l'humilité. Pour cela, il faut vous en remettre, au fil du temps, au Pouvoir et à la Présence qui vivent en vous et qui ne peuvent répondre qu'à votre Source.

L'Assemblée laisse se produire toutes choses sur Terre. Ils n'interféreront pas, à moins que leur Présence ne soit requise et demandée avec la plus grande sincérité. C'est seulement à un grand tournant, quand un nouveau message est destiné à être donné au monde, qu'ils apporteront à l'humanité une compréhension nouvelle, une conscience des choses plus grande. Et cela se produira en réponse à un changement dans le monde, s'il est grand et potentiellement dévastateur. C'est pourquoi les grandes Révélations ne sont données qu'à certains tournants critiques dans l'évolution de la civilisation humaine. Elles ne peuvent être fabriquées. Elles ne peuvent être inventées. Elles ne peuvent pas même êtres imaginées, même si beaucoup de gens ont essayé de le faire, bien sûr.

C'est sur ces grandes Révélations que les grandes traditions ont été construites. Mais les grandes traditions n'ont pas été en mesure de suivre l'esprit de la Révélation qui a initié leur existence au commencement. Dieu sait que, sans la Connaissance, les gens vont se méprendre à ce propos et qu'ils feront beaucoup d'erreurs en chemin. Telle est la condition de ceux qui vivent dans la Séparation.

Mais une fois que vous commencez à découvrir le Pouvoir et la Présence de la Connaissance en vous, vous commencez à mettre fin à la Séparation qui est en vous – entre d'une part votre esprit de ce monde et l'idée que vous vous faites de vous-même selon la perspective de ce monde et d'autre part la plus grande intelligence qui vit en vous, une intelligence que vous possédiez avant de venir dans le monde et que vous redécouvrirez lorsque vous repartirez.

Pour acomplir cela, une grande résonance avec la vie est nécessaire, et non pas seulement une théologie ou une philosophie complexe. L'Assemblée Angélique ne répond pas à ces choses.

Mais à un grand tournant, comme celui qui a lieu dans le monde aujourd'hui, l'un des leurs viendra dans le monde. Un des leurs sera envoyé pour affronter les tribulations inhérentes à la condition de Messager – la grande difficulté, le grand mystère, la grande incertitude, la grande Présence, qui l'accompagneront alors qu'il grandit et devient un être humain adulte, ayant encore une conscience limitée de son destin et de son but, jusqu'au moment où son Appel sera initié.

Personne ne comprend la vie du Messager, mais chacun peut recevoir les dons du Messager, qui sont des cadeaux supérieurs à tout ce que quiconque pourrait jamais offrir au monde – des cadeaux beaucoup plus durables, omniprésents, puissants et inspirants que ce que quiconque pourrait jamais créer ou inventer. Les gens peuvent avoir des idées convaincantes, mais rien qui puisse transformer la vie d'une personne de la manière la plus belle et la plus naturelle.

C'est quelque chose qui doit provenir du Ciel. C'est quelque chose qui doit passer par l'Assemblée qui interprète la Volonté de Dieu. Car le Dieu de l'univers est bien trop grand pour se préoccuper de ce monde – le Dieu d'innombrables galaxies, d'innombrables dimensions et de la Création au-delà de la manifestation physique, qui est encore plus grande ; si grande qu'il n'existe aucune possibilité pour vous d'en comprendre la portée et la profonde inclusion dans la vie.

Le Seigneur de plus d'un milliard de milliards de milliards de races est assurément au-delà de tous les principes théologiques ayant jamais vu le jour en ce monde. Mais cela fait partie de la Nouvelle Révélation de Dieu, voyez-vous, parce que l'humanité est en train d'émerger dans une Grande Communauté de vie dans l'univers et qu'elle doit maintenant commencer à considérer Dieu dans un cadre plus grand.

Car pour comprendre ce que Dieu fait dans ce monde, vous devez en effet comprendre ce que Dieu fait dans l'univers. Et pour la première fois, la Révélation est faite sur cela à une humanité qui se trouve au seuil de l'espace ; à une humanité qui est sur le point de détruire l'environnement du monde et de courir à la ruine et à la catastrophe. Il s'agit du plus grand seuil auquel l'humanité ait jamais fait face, et le plus lourd de conséquences.

Tout va changer et tout est en train de changer en ce moment même. En raison de ce grand tournant, Dieu a envoyé, par l'intermédiaire de la Présence et de l'Assemblée Angéliques, une Nouvelle Révélation pour le monde – une Révélation sur la vie dans l'univers et sur l'œuvre de Dieu en tous lieux, une Révélation qui n'est pas basée sur une tribu, une région, un phénomène naturel ou sur l'histoire limitée d'un groupe ou d'une nation, mais sur la réalité de la vie en tous lieux.

Ce cadre élargi vous donne les meilleures chances de prendre conscience du pouvoir et de la présence qui vivent en vous et vous encourage à utiliser votre intellect pour soutenir cette réalisation, car c'est ce pour quoi il a été créé, et c'est là le plus grand service qu'il puisse vous rendre.

Vous ne connaîtrez pas les noms de ceux qui font partie de l'Assemblée, bien qu'ils puissent fournir un nom à une personne à un moment donné pour l'aider à répondre. Leurs noms n'ont pas de sens, car à la fois ils sont des individus et à la fois ils sont un. C'est un phénomène que vous ne pouvez pas comprendre avec l'intellect, car celui-ci ne peut que penser aux choses de ce monde.

Aux temps de grande Révélation, l'Assemblée parle d'une seule Voix. Elle parle à travers l'un de ses membres, mais tous parlent en même temps. C'est un phénomène que vous ne pouvez pas vraiment considérer. Il est trop merveilleux. Il est trop phénoménal. Il parle entièrement au-delà de vos notions de la réalité. Vous ne pouvez vous représenter que des individus dans l'univers, mais l'Assemblée est à la fois une et multitude, car ses membres sont si proches du Ciel, voyez-vous, où la multitude est une et l'unique est multitude.

Votre but dans la vie n'est pas de vous amouracher de l'Assemblée ou de vous focaliser sur l'Assemblée, car leur but à eux est de vous engager dans le rétablissement de la Connaissance qui vit en vous.

Vous devez en effet être celui qui choisit. Vous devez être celui qui fait face aux conséquences, aux difficultés et aux bénédictions de vos décisions. Vous êtes celui qui doit choisir soit de recevoir, soit de refuser le grand don. C'est vous qui devez être le responsable de tout ce que vous faites.

N'allez donc pas dire aux gens que Dieu vous guide pour faire ceci ou cela, parce que c'est irresponsable. Vous devez dire : « Je fais cela parce que je ressens que c'est ce qui doit être fait. » N'affirmez aucune autre autorité, car vous ne savez pas avec certitude.

Vous ne pouvez connaître l'Assemblée ou le pouvoir de la présence qui vit en vous, à moins que la Connaissance ait été activée en vous et qu'elle soit en train d'émerger avec force dans votre vie. Ne faites pas tout un roman de votre expérience angélique, quelle qu'elle soit, qu'elle soit réelle ou fabriquée, car l'émergence de la Connaissance en vous est tout ce qui importe, voyez-vous.

L'Assemblée ne se préoccupe que de cela, car avant que cela ne se produise, vous n'êtes pas fiable. Vous n'êtes pas responsable. Vous n'êtes pas courageux. Vous n'êtes pas authentique. Vous êtes toujours exposé aux persuasions du monde et à vos propres peurs et préférences. Vous êtes trop faible.

C'est la raison pour laquelle vous devez être élevé en votre for intérieur grâce à un processus de grande transformation, qui ne peut être initié que par l'Assemblée. Vous ne pouvez pas vous initier vous-même. Vous pouvez méditer pendant vingt ans et ne pas connaître le pouvoir et la présence de la Connaissance.

C'est votre prière, faite maintenant avec la force, l'urgence et l'authenticité les plus grandes, qui appelle l'Assemblée à vos côtés. Vous ne priez pas pour des avantages ou pour une simple protection. Vous priez pour être racheté, sans savoir ce que cela signifie, sans essayer de comprendre la rédemption, sans penser que vous savez comment vous purifier. Car seule l'Assemblée sait cela.

C'est quelque chose de merveilleux, voyez-vous. C'est le plus grand de tous les miracles. C'est le miracle qui est à l'origine de tous les autres miracles.

Dieu a envoyé un Nouveau Message dans le monde pour préparer l'humanité à faire face à une expérience nouvelle du monde et de l'environnement, et pour relever le grand défi que constituent la préservation et l'union de la civilisation humaine.

Dieu a envoyé la grande Révélation dans le monde pour préparer l'humanité à sa rencontre avec la vie dans l'univers – le plus grand événement de l'histoire humaine, et celui qui pose les plus grands défis et les plus grandes difficultés, et offre les plus grandes opportunités pour la famille humaine.

Un Messager est dans le monde. Il a été préparé pendant très longtemps à recevoir la Révélation, car il s'agit de la plus grande Révélation jamais donnée à l'humanité – donnée maintenant à un monde éduqué, un monde sachant lire et écire, un monde avec des moyens de communications mondiaux et un monde avec une conscience mondiale, tout du moins dans une certaine mesure.

C'est la première fois dans l'histoire qu'un Message est donné au monde tout entier. Il doit en effet atteindre le monde dans un laps de temps réduit, afin de préparer l'humanité au grand changement qui arrive sur le monde et au sens de sa rencontre avec la vie intelligente dans l'univers, une rencontre qui est déjà en train d'avoir lieu dans le monde.

Aucune des Révélations de Dieu précédentes ne peut vous préparer à ces choses-là, car ce n'était pas là leur but ou leur dessein. Elles ont été données pour développer la conscience et la civilisation humaines, ainsi que l'éthique qui allait permettre de guider l'humanité vers une plus grande unité et un plus grand pouvoir dans le monde.

La civilisation humaine a été créée, et bien qu'elle soit fort imparfaite – pleine de corruption, de division et d'erreur – elle est néanmoins très prometteuse. Si vous connaissiez les conditions de vie dans l'univers qui vous entoure, vous verriez cette grande promesse. Mais vous ne pouvez pas encore la voir. Vous n'avez pas ce point de vue. Cependant l'Assemblée voit cela, bien sûr, et c'est pourquoi une grande importance est accordée à ce monde, pour le préparer à ce grand seuil. Tant de choses sont à présent en train d'être données grâce au processus de la Révélation.

Mais le Messager fait face à de grandes difficultés, les mêmes difficultés que tous les messagers précédents ont dû affronter : l'incrédulité, l'hostilité, le rejet, le ridicule.

Les gens ne voient pas qu'ils sont au beau milieu du plus grand des événements dans le monde qui soit en cours. Ils pensent qu'il s'agit d'une violation de leurs idées, d'une mise en cause de leurs croyances. Ils pensent que cela nuira à leur richesse, à leur pouvoir et à leur prestige dans le monde, alors qu'en fait, il offre la plus grande promesse de rédemption qu'ils pourront jamais recevoir et la plus grande préparation à un avenir qui sera différent du passé à bien des égards.

L'Assemblée observe et guide le Messager, car son importance dans le monde ne peut être sousestimée. Son importance dans le monde ne peut être surestimée. L'Assemblée parlera à travers lui pour apporter la Révélation dans le monde. Et ils parleront d'une seule voix parce que le Message est tout.

Si ce Message peut être reconnu, entendu et suivi par suffisamment de gens, l'humanité aura le pouvoir de se détourner de la désintégration, de la guerre et du conflit incessants pour bâtir une nouvelle fondation pour l'avenir.

La Révélation a donné la vision de ce monde plus grand à l'humanité, mais ce sera un monde très différent. Il faudra un grand pouvoir, un grand courage et une grande honnêteté pour créer et soutenir ce monde dans un univers où existent des forces puissantes et où la liberté est rare. Dieu seul sait comment cela pourra être fait. Seule l'Assemblée comprend ces choses.

Votre tâche maintenant consiste à apprendre à recevoir et à faire les Pas vers la Connaissance de sorte que vous puissiez trouver votre véritable fondation dans la vie, mettre vos idées à l'épreuve, résoudre les dilemmes du passé, vous pardonner et pardonner aux autres, et porter un regard sur le monde sans rejet et sans condamnation. Car c'est ce monde qui, à terme, suscitera vos plus grands dons et votre plus grand rôle.

Il y a tant de choses à désapprendre ici, tant de choses à reconsidérer. Vous devez avoir assez d'humilité pour le faire. Si vous pensez que vous connaissez la vérité, si vous pensez que vous connaissez la Volonté de Dieu, si vous pensez que vous savez ce qu'est l'univers, vos chances de découvrir la vérité seront très minces.

L'Assemblée veille sur le monde. Appelez l'Assemblée – non pas avec désinvolture, car ils ne vous entendront pas ; non pas pour répondre à vos ambitions, vos rêves ou vos fantasmes, car ils ne vous entendront pas. Vous devez prier avec votre coeur et votre âme. C'est seulement alors que votre voix les atteindra, car ils ne connaissent que ce qui est vrai, honnête et pur.

Ils ne peuvent pas être manipulés. Ils ne peuvent pas être corrompus. Ils ne peuvent pas être influencés. Vous ne pouvez pas marchander avec eux. Car vous devez développer avec le temps la force de recevoir leurs conseils et de les appliquer sans faire de compromis, sans les corrompre. Voila la force dont vous aurez à faire preuve, afin de faire partie d'une plus grande force pour le bien dans le monde.

Les gens penseront : « Oh, c'est trop pour moi d'envisager cela. Le défi est trop grand ! » Mais Nous disons que non. Cela est approprié à qui vous êtes, à la raison pour laquelle vous êtes dans le monde et à qui vous a envoyé ici. Vous pensez à vous-même d'une façon si dévalorisante. Vous êtes tombé dans un état pitoyable lorsque vous pensez ainsi. Vous ne connaissez pas votre force, votre pouvoir ou votre but, que seule la Connaissance en vous peut fournir.

L'Assemblée regarde et attend ceux qui peuvent répondre au Message que Dieu envoie dans le monde en ce moment. Car à présent le Messager s'avance pour parler, pour proclamer et pour enseigner la Révélation. Il a été retenu durant une longue période, jusqu'à ce que le Message soit complet. Il est à présent complet, et le monde en a grandement besoin, plus que vous ne pouvez le réaliser en ce moment.

Le Messager représente l'Assemblée, bien qu'il soit un être humain et bien qu'il soit imparfait, car tous les êtres humains sont imparfaits. Il a fait des erreurs, mais tous les grands Messagers ont fait des erreurs.

C'est le Pouvoir du Ciel en lui qui est sa force ; c'est sa bannière, son bouclier. Vous pouvez détruire son corps, mais vous ne pouvez pas détruire son Message. Et vous ne pouvez pas détruire ce qu'il apporte dans le monde, ni le Pouvoir et la Présence qui l'ont envoyé ici – le Pouvoir et la Présence qui attendent que vous répondiez.

Car le don est devant vous à présent, et le Ciel regarde et attend de voir qui peut recevoir, qui peut reconnaître, qui peut faire les Pas vers la Connaissance et recevoir le don d'une plus grande vie dans un monde qui devient plus sombre et plus incertain chaque jour qui passe.

CHAPITRE 11

Le Nouveau Message de Dieu pour le monde

*Tel que révélé
à Marshall Vian Summers
le 28 février 2011
à Boulder, Colorado*

Le temps est venu de recevoir un Nouveau Message de Dieu. Il est temps de recevoir le don, le pouvoir et la bénédiction. Il est temps de prendre conscience que Dieu a parlé à nouveau, après un si long silence.

Car l'humanité est maintenant confrontée aux Grandes Vagues de changement – un grand changement environnemental, économique et social. Elle est face à ses plus grands défis, à ses obstacles les plus difficiles et à son appel à l'unité et à la coopération le plus important.

Recevez alors le Nouveau Message et prenez-le à cœur. Faites-en votre étude. Faites-en votre priorité. Ne le condamnez pas et ne le contestez pas, sans quoi vous ne serez pas en mesure de recevoir le pouvoir et la grâce, la sagesse et la force qu'il apporte.

Voyez le monde d'aujourd'hui à un grand tournant, où un nombre de personnes toujours croissant boira à un puits qui se tarit lentement. Regardez par-delà l'horizon, et pas seulement dans l'avenir proche, et vous verrez les Grandes Vagues qui se préparent. Vous verrez que l'humanité devra changer et s'adapter à un nouvel ensemble de circonstances et que la nature, si longtemps ignorée et décriée, va désormais fixer les termes de l'engagement.

Le temps est venu d'un grand bilan. Il est temps de vraiment faire les comptes. Ce n'est pas la fin pour l'humanité, mais il s'agit d'un grand tournant. Et cela représente un nouveau départ – un nouveau départ qui ne peut être ni évité, ni négligé.

Les sots persisteront dans leur sottise. Ceux qui sont aveugles continueront à penser que l'avenir sera semblable au passé. Et ceux qui n'ont pas conscience de ce qui se passe proclameront qu'ils savent ce qu'il faut faire pour le monde.

Mais malgré les déclarations et les théories les plus grandes et les plus précises, une Nouvelle Révélation vous est nécessaire, sans quoi les obstacles seront trop grands et trop impressionnants, les dangers trop écrasants, l'esprit humain trop faible et trop dispersé et les nations trop divisées, trop focalisées sur leurs propres intérêts et trop querelleuses.

C'est une époque où l'humanité devra revoir sa position dans le monde et renoncer à ses priorités de croissance et d'expansion pour se réorienter vers la stabilité, la sécurité et le bien-être du monde et de ses peuples.

C'est une époque où une vision est nécessaire, une époque qui remettra en question ceux qui ont bâti leur carrière sur leurs théories et leurs systèmes de croyance ; un temps où le bien-être de vos enfants et de leurs propres enfants devra être sérieusement envisagé au lieu d'être simplement présumé ; une époque où les ressources de la planète devront être préservées plutôt que simplement gaspillées et surexploitées ; une époque où les besoins des pays les plus pauvres influenceront directement le bien-être des nations les plus fortes ;

une époque pour mettre un terme à vos conflits incessants et pour
bâtir une infrastructure capable de soutenir la famille humaine.

Les nations devront coopérer, sans quoi elles se retrouveront de plus
en plus en danger et compromises. Les ressources vont devenir
toujours plus coûteuses et difficiles à se procurer. La production de
nourriture va chuter. Les climats du monde sont en train de changer.
La technologie ne sera pas à elle seule en mesure de répondre à bon
nombre des grands défis à venir.

C'est pourquoi il y a une Nouvelle Révélation, un Nouveau Message
de Dieu : parce que l'humanité ne peut pas réagir suffisamment face
au spectre du changement qui est sur vous et devant vous.
L'humanité n'a pas suffisamment réagi, exception faite, peut-être, de
quelques individus exceptionnels.

Ce n'est pas simplement une question d'adaptation. C'est une
question de changement fondamental – un changement de position,
un changement d'approche, un changement d'attitude. Car ce qui
fonctionnait auparavant peut ne plus fonctionner aujourd'hui. Ce qui
a été présumé peut s'avérer inefficace et inadéquat. Tout devra être
reconsidéré.

La Révélation révèlera cela et la raison pour laquelle c'est vrai. Elle
parlera de choses dont ceux qui peuvent voir ont déjà fait l'expérience
et qu'ils sont en train de vivre en ce moment-même. Elle résonnera
avec les grandes vérités de toutes vos religions, et pourtant, elle
révèlera des choses qui n'ont jamais été révélées auparavant. C'est un
Message pour l'individu qui s'efforce de voir et de connaître la vérité.
Et c'est un Message pour le monde entier, qui est confronté aux
Grandes Vagues de changement.

La question n'est pas d'être positif ou négatif. La question est de savoir si vous pouvez voir ou pas ; si vous avez les yeux pour voir et les oreilles pour entendre. Ce n'est pas une question d'orientation politique, d'idéologie ou d'école de pensée. La question est de savoir si vous pouvez voir ou répondre – non seulement aux événements de ce jour, mais aux événements à venir, les événements qui sont en marche vers vous, les conditions du monde qui sont en train de changer sous vos pieds et qui ont déjà changé le monde, à un point tel que vous vivez dans un monde différent et y êtes déjà confrontés.

Ce n'est pas le monde de vos parents ou de vos ancêtres. Ce n'est pas le monde sur lequel la civilisation a été bâtie et assurée. Ce n'est pas le monde à partir duquel la théorie et la philosophie humaines ont évolué au fil des siècles. C'est un monde différent, plus difficile, plus incertain – un monde de détérioration, un monde de changement ; un monde que même la science ne sera pas en mesure de comprendre entièrement ; un monde qui est le vôtre à présent.

Vous aurez besoin d'une intelligence plus grande pour naviguer dans ce monde. Vous aurez besoin du pouvoir de la Connaissance qui réside en l'individu pour voir et savoir ce qu'il faut faire. Vous aurez besoin d'une grande coopération entre les peuples et les nations, sans quoi le résultat sera catastrophique.

Le Nouveau Message fournit la clé et les éléments manquants. Il ne traitera pas de tout. Il ne résoudra pas tous les problèmes. Il ne répondra pas à chaque question. Bien sûr que non. Mais il vous donnera les priorités de votre vie et les priorités de l'avenir. Il vous permettra de vous préparer pour des choses que vous ne pouvez pas voir et que vous ne connaissez pas encore. Il vous donnera la force de reconsidérer vos idées et vos croyances. Il rétablira en vous le pouvoir de vision, les yeux pour voir et les oreilles pour entendre.

Tout le monde n'accueillera pas cela. Tout le monde ne répondra pas. Tout le monde n'apprendra pas le Nouveau Message et n'en sera pas témoin. Certainement pas. Mais beaucoup devront le faire – parmi ceux qui dirigent, dans la population, dans les différents pays, les différentes cultures, les différentes religions – parce qu'il s'agit d'un Message pour le monde.

Ce n'est pas un message pour un seul pays. Ce n'est pas un Message pour une époque particulière ou un événement particulier. Ce n'est pas une réaction à la religion. Ce n'est pas un rejet de la religion. Ce n'est pas un rejet des gouvernements. Ce n'est pas un rejet de ce qui existe, mais un avertissement, une bénédiction et une préparation pour vivre et progresser dans un monde différent.

Vous ne pouvez désormais plus vous fier à ce qui s'est passé auparavant. Même la nature a été tellement perturbée que vous ne pourrez plus vous fier à certaines choses. Les nations peineront économiquement. Il y aura de la croissance, mais seulement temporairement. Et les besoins de la famille humaine dépasseront tellement sa capacité, tout au moins en apparence, que cela submergera tout progrès que vous pourrez faire.

Tout cela provoquera un changement de priorité. La sécurité ne consistera pas seulement à protéger une nation d'une autre nation. Elle consistera à assurer la stabilité de larges populations. Tout le monde devra s'y impliquer dans une certaine mesure. Ce n'est pas un problème qui concerne seulement les gouvernements ou les régimes. Il concerne le monde entier.

Beaucoup de gens seront perdus lors de cette grande transition. Mais les pertes peuvent être minimisées et les tragédies peuvent être atténuées. La participation de tout le monde sera nécessaire pour que l'humanité survive aux Grandes Vagues de changement et pour qu'elle soit en mesure de construire un monde nouveau fondé sur davantage de coopération – un monde fondé, non pas sur la croissance et l'expansion sans fin, mais sur la stabilité et la sécurité des peuples du monde. Ce sera un avenir très différent du passé et très différent du monde que vous voyez en ce moment.

Dieu seul sait ce se qui se prépare à l'horizon. Mais il vous est donné les yeux pour voir et les oreilles pour entendre, afin que vous puissiez en voir l'évidence, aujourd'hui, demain et les jours qui suivront. Il ne vous est pas demandé de croire, mais de prêter attention, de clarifier votre mental, d'élargir votre perception.

Le moins savant d'entre vous peut constater que le vent est en train de tourner, alors que les experts continuent à débattre des réalités du passé. Ce n'est pas une question de brillance intellectuelle. C'est une question d'attention et de lucidité, de vision et de discernement.

Beaucoup de gens échoueront. Beaucoup de gens seront dans le déni. Beaucoup de gens fuiront la réalité, car c'est l'une des grandes faiblesses de l'humanité. Par conséquent, ceux qui sont forts, ceux qui sont clairs, ceux qui peuvent voir, ceux qui sont engagés à servir un monde qui change seront de plus en plus importants à l'avenir, quelle que soit la position qu'ils occupent dans la culture et la société.

C'est pourquoi la Révélation doit être donnée. Elle n'est pas une invention humaine. Elle n'est pas le produit de la pensée ou de l'imagination d'un homme. Ce n'est guère le cas. Il ne s'agit pas d'une révolution contre la pensée religieuse telle qu'elle existe aujourd'hui. Il s'agit de quelque chose d'entièrement nouveau. La Révélation ne vient pas pour condamner, mais pour corriger et pour vous donner le pouvoir de créer. C'est un Message pour le monde.

Les cieux s'assombrissent de plus en plus. Les difficultés de l'humanité vont en s'accentuant. Les gouvernements deviendront impuissants face à cela, à moins qu'ils ne soient guidés par une vision plus large et un engagement plus grand.

L'humanité est encore en train d'émerger d'un état primitif, d'un état tribal, pour entrer dans une communauté mondiale. C'est une transition très difficile et dangereuse, mais elle doit avoir lieu, comme elle doit avoir lieu dans tous les mondes de l'univers où la vie intelligente a évolué.

Vous êtes maintenant face à ces transitions importantes et difficiles, passant de sociétés tribales guerrières à une communauté mondiale – une communauté mondiale fondée sur la nécessité et pas seulement sur une idéologie ; une communauté fondée sur la mise en sécurité et la protection du monde contre l'effondrement interne et contre l'intervention étrangère provenant de l'univers qui vous entoure.

C'est un monde différent du monde auquel vous pensez aujourd'hui, mais c'est un monde qui se conforme à la nature, car la nature n'a pas changé. Le monde a changé, mais l'humanité n'a pas changé avec. Et vous pénétrez à présent dans un nouveau territoire. Un territoire qui est dangereux et qui vous est étranger. Il vous faudra être très prudents à mesure que vous avancerez dans l'avenir.

Qu'est-ce qui guidera la perception humaine ? Qu'est-ce qui éclairera les décisions des gens ? C'est pourquoi il y a une Nouvelle Révélation, apportée dans le monde par un seul homme aidé d'un petit groupe d'assistants. Il est le Messager pour cette époque, mais il ne correspondra pas à ce qu'on attend d'un surhomme. Il n'aura pas de pouvoirs magiques. Il ne sera pas charismatique. Il ne sera pas divertissant. Mais il est le Messager, et c'est sa vie qui a été le véhicule pour la transmission d'un Nouveau Message de Dieu.

Alors recevez. Écoutez. Ouvrez vos esprits. Vous ne pourrez pas trouver votre chemin dans l'avenir sans cette plus grande Révélation. Vous ne serez pas prêts. Vous ne serez pas prêts à temps. Vous ne serez pas en mesure de convaincre les autres de répondre.

Dieu aime le monde et a donné à l'humanité de grands Enseignements à des tournants importants, pour établir la civilisation humaine et pour libérer les gens de l'identité tribale, pour permettre à la civilisation d'évoluer et de croître en dépit de ses nombreuses erreurs et tragédies.

Vous passez à présent d'une civilisation à une communauté mondiale, car cela seul apportera [une réelle sécurité] à la famille humaine et la protégera à l'avenir. Il s'agit d'une transition à laquelle actuellement peu de personnes sont capables ne serait-ce que de penser de façon constructive, mais telle est votre destinée.

CHAPITRE 12

DIEU CONDUIT L'HUMANITÉ DANS UNE NOUVELLE DIRECTION

*Tel que révélé
à Marshall Vian Summers
le 22 avril 2011
à Boulder, Colorado*

Dieu conduit l'humanité dans une nouvelle direction, une direction dans laquelle elle n'a pas eu à se mouvoir auparavant. Car le monde a changé, et l'humanité fait à présent face à une Grande Communauté de vie dans l'univers – c'est là un grand changement, un grand seuil dans la longue évolution de l'humanité, une époque de bouleversements et d'incertitudes immenses, une époque dangereuse pour la famille humaine, une époque de mouvements où les événements se dérouleront rapidement.

Dieu conduit l'humanité dans une nouvelle direction, vers une communauté mondiale qui soit en mesure de soutenir le monde, de se confronter aux réalités de la vie dans l'univers qui vous seront imposées, et qui vous sont imposées en ce moment même. C'est un grand changement, que beaucoup de gens ressentent mais ne comprennent pas.

Le mouvement du monde s'accélère. La vie des gens sera submergée et dépassée par le grand changement environnemental qui se produit, ainsi que par les bouleversements politiques et économiques. Tout cela est désormais en cours et ne peut être arrêté, seulement modéré. Cela demandera une grande adaptation.

C'est à ce grand seuil de l'histoire de l'humanité qu'une Nouvelle Révélation a été envoyée dans le monde, et un Messager a été envoyé ici pour la recevoir, pour la préparer et pour la présenter. C'est pour lui un long voyage, un voyage long et difficile.

Le Message pour l'humanité est maintenant grand, plus exhaustif et plus complet que tout autre Message qui ait jamais été envoyé dans le monde. Il est complet, accompagné de son enseignement et de ses commentaires, afin que sa sagesse et la Connaissance qu'il exprime puissent être discernées et appliquées correctement et non pas simplement laissées à l'interprétation des humains.

Les gens ne voient pas, n'entendent pas. Ils sont étrangers à eux-mêmes. Et leurs compétences originelles pour discerner l'environnement ont été pour la plupart perdues et sont sous-développées.

Cela rend la tâche du Messager plus difficile. Il doit porter le Mystère, car la Révélation est au-delà du domaine de l'intellect et n'est certainement pas conditionnée par les attentes, les croyances ou la compréhension des gens.

Dieu conduit le monde dans une nouvelle direction. C'est une direction qui vous a toujours été destinée, mais elle sera nouvelle pour les peuples du monde. Elle sera nouvelle pour votre compréhension.

Les Grandes Révélations du Créateur sont toujours comme cela. Elles présentent toujours une réalité nouvelle, une prise de conscience nouvelle, une dimension nouvelle et une plus grande promesse.

Le monde s'assombrit, et cette plus grande promesse est désormais nécessaire. Seule la lumière de la Connaissance, la plus grande intelligence dont le Créateur a doté la famille humaine et toutes les races de l'univers, cela seul peut à présent vous permettre de comprendre et de répondre.

Car vous retournez à Dieu aux conditions fixées par Dieu. Et les Messages de Dieu doivent être compris, tels qu'ils sont vraiment et tels qu'ils sont censés être compris.

Cela occasionnera beaucoup de luttes et de conflits, et le Messager et ses disciples devront faire face à cette difficulté, cette frustration, et faire preuve d'une grande patience.

Une telle Révélation ne sera pas acceptée dès le départ, et seuls quelques-uns seront en mesure d'y répondre entièrement. Mais à mesure que le temps s'écoulera et que le monde deviendra plus turbulent, le Nouveau Message attirera plus de personnes qui seront capables de le reconnaître et d'en voir la pertinence.

Il répond aux questions que vous n'avez même pas encore posées. Il s'agit d'une préparation pour l'avenir, ainsi que d'un remède pour le présent.

Vos philosophes et vos théologiens ne sauront pas quoi en faire. Il leur posera problème. Il ne sera pas conforme à leur compréhension, en laquelle ils se sont tant investis. Les chefs religieux lutteront contre lui, parce qu'il parle d'une réalité qu'ils ne reconnaissent pas encore.

Dieu conduit l'humanité dans une nouvelle direction. Le Messager est ici pour apporter la Révélation. Il lui a fallu des décennies pour la recevoir. Il faudra des décennies pour qu'elle soit reconnue dans le monde.

Mais le problème, c'est le temps. L'humanité n'a pas beaucoup de temps pour se préparer à un monde nouveau et au contact avec la vie dans l'univers – un contact qui a déjà lieu ; un contact dont l'intention et le but sont dangereux.

Les gens sont obsédés par leurs besoins, leurs problèmes, leurs envies et leurs désirs. Ils ne voient pas le mouvement du monde. Car le monde a changé, mais les gens n'ont pas changé avec lui. Et vous voilà désormais face à un nouvel ensemble de réalités.

Que dira Dieu à ce propos, alors que les gens se sentent dépassés, que leurs prédictions sur l'avenir ne se réalisent pas, que le retour de leur sauveur ne se produit pas et qu'ils croient que Dieu crée tous ces problèmes pour eux ?

La Révélation parle de toutes ces choses-là. Mais vous devez vous ouvrir à la Révélation, et vous devez faire face à la perspective d'un grand changement, car il est sur vous et sur le monde, et ce changement va progresser.

Vous ne pouvez pas revenir des milliers d'années en arrière pour tenter de comprendre ce qui se passe aujourd'hui. L'évolution de l'humanité est en effet entrée dans une nouvelle phase, une position de dominance dans le monde, mais aussi une position de grande vulnérabilité dans l'univers.

Par quoi cette éducation commencera-t-elle, pour qu'elle puisse vous préparer à un monde nouveau et à la Grande Communauté de vie – deux évènements qui changeront le cours de l'histoire humaine et affecteront la vie de chaque personne ?

Les gouvernements ne le savent pas. Les chefs religieux ne le savent pas. Les experts ne le savent pas. Les universités ne peuvent pas préparer les gens.

La Révélation doit venir du Créateur de toute vie, et c'est ce qui se passe en ce moment. Car vous vivez à une époque de Révélation, et le Messager est dans le monde. Tant qu'il est dans le monde, vous avez une opportunité de recevoir et de vous préparer. Quand il sera parti, ce sera différent. Ce sera plus difficile. En cela, il est la Lumière dans le monde.

C'est un homme humble, qui ne prétend rien d'autre qu'être le Messager, car c'est le rôle qui lui a été attribué. Il doit préparer l'humanité à un nouveau monde, grâce à la Révélation. Il doit préparer l'humanité à la Grande Communauté, grâce à la Révélation. Il doit parler du grand changement qui arrive, et qui déjà affecte les gens où qu'ils soient, grâce à la Révélation.

Dieu conduit l'humanité dans une nouvelle direction. L'humanité peut-elle s'y mouvoir ? Les gens peuvent-ils répondre ? Pouvez-vous répondre ? Pouvez-vous accepter que vous viviez à une époque de Révélation et pouvez-vous considérer ce que cela signifie pour votre vie et le défi auquel cela vous confronte ?

Les gens ne réalisent pas à quel point leur vie et leurs situations sont dépendantes de l'état du monde et du mouvement du monde. C'est uniquement dans les pays les plus pauvres que cette grande réalité est toujours présente. Dans les pays riches, la richesse vous isole des grandes réalités de la vie, dans une certaine mesure, pour un certain temps. Mais cette aisance diminuera, et les grandes réalités vous rattraperont.

La manière dont l'humanité répond et se prépare va faire toute la différence. Ce qui éclaire les décisions des individus va faire toute la différence. Selon qu'ils écoutent la voix du pouvoir et de la présence de la Connaissance que Dieu leur a donnée pour les guider et les protéger, ou la voix de leur culture, de la peur, de la colère ou de l'ambition.

Ces choix sont fondamentaux pour chacun, et ce que chaque individu décide déterminera le sort et l'avenir de l'humanité. Par conséquent, la responsabilité incombe à tout le monde, pas seulement aux dirigeants et aux institutions.

C'est pourquoi Dieu apporte le Nouveau Message aux peuples et non aux dirigeants des nations. Car les dirigeants ne sont pas libres. Ils sont liés aux attentes des autres, de par leur fonction et de par le fait qu'ils ont été élus. C'est pourquoi la révélation vient à vous et aux peuples. Ce sont leurs décisions et leur détermination qui feront toute la différence.

Les gens veulent beaucoup de choses. Ils ne veulent pas perdre ce qu'ils ont. Ils sont pris dans l'instant. Ils n'ont pas la perspective qui leur permettrait de voir dans quelle direction va leur vie.

La Révélation sera un grand choc et un grand défi pour chaque personne. Mais ce choc et ce défi sont le choc de la Révélation. Le défi, c'est d'être confronté à la Volonté du Créateur. Le défi est de savoir si vous pouvez répondre, ainsi que la nature de votre réponse.

Vous ne pouvez pas rester où vous êtes, car le monde a changé, et il changera encore. Il est en mouvement. Vous devez vous mouvoir avec lui. C'est cela, être en harmonie avec la vie. C'est cela, sortir de l'isolement. C'est cela, vous libérer de la distraction et de l'obsession. C'est cela, apprendre à écouter, à regarder et à calmer votre mental, de sorte que vous puissiez voir. C'est cela, abandonner vos griefs, afin que vous puissiez comprendre où vous en êtes. C'est cela, faire les Pas vers la Connaissance, de sorte que la Présence et le Pouvoir de Dieu puissent vous parler et parler à travers vous.

Voilà la Révélation qui amène l'humanité dans une nouvelle direction. Les gens sont-ils disposés à avancer, ou vont-ils rester en arrière, à faire face aux Grandes Vagues de changement endormis sur la plage alors que les Grandes Vagues se forment ; à vivre sur le littoral en pensant que tout va bien ; à vivre dans l'instant, incapables de répondre aux signes du monde ; à vivre sur des hypothèses qui ne sont pas en accord avec les réalités de la vie ?

Qui peut répondre ? Qui regardera ? Qui écoutera ? Qui mettra de côté ses idées, ses croyances et ses préférences assez longtemps pour voir quelque chose, entendre quelque chose, savoir quelque chose ?

C'est ce que le Messager vous demandera de faire. C'est ce qui est requis par la Révélation. C'est ce qui est nécessaire pour vivre dans un monde nouveau. C'est ce qu'exige l'émergence dans une Grande Communauté de vie.

L'humanité sera-t-elle stupide, maladroite, ignorante et incapable de répondre, sa grande intelligence n'étant ni reconnue ni utilisée ? Telles sont les questions. Les réponses ne sont pas évidentes, car elles n'ont pas encore vu le jour. Elles n'ont pas encore été confrontées au véritable test qui attend la famille humaine.

Mais le Créateur de toute vie aime le monde et aime l'humanité. C'est pourquoi Il a envoyé le pouvoir de la rédemption dans le monde – pour que chaque personne soit sauvée et que son pouvoir et son intégrité soient restaurés, afin de répondre aux grands défis de la vie qui émergent à présent à l'horizon.

Dieu conduit l'humanité dans une nouvelle direction. Il est temps de se préparer, de recevoir et de soutenir la Révélation.

Les gens se plaindront. Ils protesteront. Ils résisteront. Ils accuseront le Messager. Ils dénonceront la Révélation. Etant incapables de répondre et réticents à reconsidérer leur vie et leurs idées, ils résisteront.

Cela se produit toujours à une époque de Révélation. Ceux qui ont le plus investi dans le passé résisteront au nouveau monde et à tout ce qui y a trait. Ils ne peuvent pas voir. Ils ne sauront pas. Ils n'ont pas le courage de reconsidérer leur position. Ils n'ont pas l'humilité de faire face à la Révélation.

Que Dieu peut-il faire pour eux ? Ils ont tant demandé au Créateur, mais ils ne peuvent pas répondre à la réponse du Créateur. Que Dieu peut-il faire pour eux ?

Soyez parmi les premiers à répondre, afin que vos plus grands dons dans la vie puissent être établis et qu'ils émergent au cours des jours et des années de votre vie.

C'est le pouvoir de la Révélation – celui de libérer la sagesse et la Connaissance dont l'humanité a désormais désespérément besoin, afin de se préparer à un avenir qui sera différent du passé.

Les bénédictions sont avec vous. Le pouvoir de la rédemption est en vous, en la Connaissance en vous. Mais qu'est-ce qui peut raviver cette Connaissance et la mettre au premier plan ? Qu'est-ce qui peut vous permettre de l'approcher, de la comprendre et de la suivre avec succès ?

Elle doit être ravivée par Dieu. La Révélation est là pour mettre en mouvement la plus grande rédemption des individus, en préparation pour le nouveau monde et pour la destinée de l'humanité dans l'univers, dont vous devez encore prendre conscience et qui doit encore être accomplie.

Il est temps de répondre. Il est temps d'être vraiment honnête envers vous-même, de ne pas fonder votre vie sur vos craintes ou sur vos préférences, mais sur une véritable reconnaissance issue de votre profondeur.

Faire face à la Révélation vous mettra au défi de répondre avec cette honnêteté profonde. Faire face à la Révélation vous mettra au défi à cause de cette honnêteté profonde. C'est le plus grand défi de votre vie. C'est le défi le plus important de votre vie. C'est l'évènement le plus important de votre vie.

Dieu conduit l'humanité dans une nouvelle direction.

CHAPITRE 13

LE MONDE DOIT RECEVOIR
LE NOUVEAU MESSAGE DE DIEU

Tel que révélé à
Marshall Vian Summers
le 1er Janvier 2015
à Alexandrie, Egypte

Dieu sait ce qui arrive pour le monde. Dieu connaît la condition du monde et de ses peuples. Et la Présence Angélique qui veille sur ce monde observe à chaque instant.

Vos plus grands besoins ne sont pas un secret pour ceux qui veillent sur vous, à la fois en ce moment et dans les temps à venir.

Vous ne pouvez voir ces choses, car vous ne vous connaissez pas entièrement. Vous ne savez pas pourquoi vous avez été envoyé dans le monde, ni où vous devriez être en ce moment, ni pourquoi vous n'y êtes pas en ce moment. Vous ne pouvez pas voir ce qui arrive par-delà l'horizon lointain, venant dans votre direction. Mais ceux qui veillent sur vous et le Seigneur de l'univers savent ces choses.

Les gens sont liés par leurs croyances et leurs suppositions. Ils sont liés par l'interprétation des religions du passé, ce qui rend encore plus difficile pour eux de comprendre que Dieu a parlé à nouveau pour la protection et l'avancement de l'humanité.

Tout ce que Dieu a jamais donné au monde dans les grands Messages, donné dans les moments de grand besoin et de grande opportunité, a été donné pour l'avancement et la protection de l'humanité.

Vous ne réalisez pas que vous vivez dans un monde au sein d'une Grande Communauté de vie, où il existe de nombreuses menaces pour la liberté et la souveraineté humaines. Vous ne voyez pas le grand tableau de votre vie, ni pourquoi vous avez été envoyé dans le monde à cette époque, pour servir le monde dans ces circonstances. Mais le Ciel peut voir ces choses, que vous, vivant dans votre état de séparation, ne pouvez pas voir.

Vous êtes en plus aveuglé par vos suppositions et vos croyances, vos attitudes et votre condamnation des autres.

Les gens vivent dans l'instant. Ils ont oublié qu'ils doivent aussi se préparer pour l'avenir. Comme toutes les créatures intelligentes sur Terre, ils doivent faire ces deux choses.

Mais Dieu sait ce qui arrive. Dieu sait ce dont l'humanité a besoin en ce moment. Dieu sait ce que vous, en tant qu'individu, devez avoir pour prendre conscience du plus grand but pour lequel vous êtes venu et de la raison pour laquelle vous avez été envoyé, et pour prendre conscience de ce que vous devez accomplir ici, ce qui se situe au-delà de votre compréhension.

Car votre intellect n'est pas assez grand pour contenir de plus grandes choses de cette nature. Il est un mécanisme parfait pour naviguer dans le monde des circonstances changeantes, mais il ne peut pas comprendre votre vie au-delà du temps et de l'espace, ni les plus grandes forces qui vous dirigent, qui vous ont envoyé ici et qui détiennent pour vous votre grande raison d'être ici.

A présent Dieu a parlé à nouveau, en donnant une Révélation plus grande et plus vaste que tout ce qui a jamais été donné à la famille humaine auparavant, une Révélation donnée à présent à un monde sachant lire et écrire, un monde de communications mondiales et dont la conscience mondiale se développe, une Révélation donnée à présent à une époque où le monde entre dans un état de déclin – des ressources en déclin, un environnement en déclin, une atmosphère qui se modifie, tout cela causé par l'ignorance, la cupidité et la corruption des humains.

L'humanité se trouve ainsi aveugle, au seuil d'un changement précipité qui pourrait changer la face du monde, le plus grand changement qui soit jamais arrivé à la famille humaine dans son ensemble.

Mais les gens vivent dans l'instant et ne voient pas les signes du monde. Ils n'entendent pas les signes au fond d'eux-mêmes – des signes qui les avertissent, les alertent, leur disent de ne pas se précipiter, leur disent de réexaminer les choses afin qu'ils puissent avoir un moment de clairvoyance, un moment de lucidité, de sorte qu'ils puissent avoir un moment pour entendre la grande voix que Dieu a placée en eux, la voix de la Connaissance.

Elle se trouve en profondeur, sous la surface du mental. Elle essaie de vous amener quelque part, de vous préparer à un plus grand service dans le monde et de vous préparer à un monde de changements et de bouleversements monumentaux.

Dieu a parlé à présent au monde tout entier, non pas à un seul petit groupe, non pas à une seule région, non pas à une seule tradition religieuse, non pas à une seule classe de personnes instruites, mais à tout le monde, à tous les niveaux de la société, dans toutes les sociétés.

Car le monde doit entendre la Nouvelle Révélation de Dieu, ou il ne se préparera pas pour le grand avenir, pour le nouveau monde qu'il commence à peine à découvrir. Il ne mettra pas fin à ses conflits incessants, mais dégradera le monde encore davantage, jetant l'humanité dans des ténèbres et une confusion de plus en plus profondes.

Le monde doit entendre la Nouvelle Révélation de Dieu. Car les grandes traditions du passé n'ont pas été faites pour préparer l'humanité à ce grand seuil dans votre évolution. Elles ne peuvent vous préparer à un univers rempli de vie intelligente. Elles ne peuvent vous préparer à un monde en déclin, un monde qui modifiera tout ce que vous voyez et connaissez.

Elles ont été données à des époques différentes de l'histoire pour bâtir la civilisation humaine, pour bâtir et renforcer le véritable humanitarisme, la véritable éthique et les principes élevés des humains. Bien que de nombreuses personnes n'aient pas été en mesure de suivre ces choses, celles-ci devaient être mises en place, ou l'humanité serait demeurée à jamais une race primitive, violente, autodestructrice, dégradant un magnifique monde, si rare dans un univers de planètes stériles et de lieux inhospitaliers.

Le monde doit entendre parler de la Nouvelle Révélation de Dieu car elle seule détient la clé de votre avenir, de votre sécurité, de l'unité, du but et de la coopération des humains. Il y a trop peu de gens dans le monde qui apprécient suffisamment la valeur de ces choses pour être en mesure de changer et de modifier la trajectoire que vous êtes en train de vous fixer en ce moment même. Cela doit venir de Dieu – votre Source, le Créateur de toute vie, le Créateur de toute chose.

Mais pour cela, vous devez entendre avec de nouvelles oreilles. Vous devez écouter avec un cœur ouvert. Si vous rejetez cela, alors vous rejetez le Dieu que vous prétendez louer et auquel vous prétendez croire. Vous rejetez la conscience du fait que le plan de Dieu est plus grand qu'une seule Révélation donnée à un seul moment donné de l'histoire.

Car tous les Messagers sont venus de l'Assemblée Angélique, et ils servent tous un Grand Plan pour l'humanité – un Plan pour bâtir la civilisation humaine, pour promouvoir l'unité et la coopération humaines, pour enseigner à l'humanité, grâce à la sagesse et grâce à sa technologie, comment maintenir un monde magnifique et non pas le piller jusqu'à un état de délabrement total.

C'est un Grand Plan. Depuis le début même, il était destiné à vous préparer à votre devenir dans une Grande Communauté de vie dans l'univers. Mais d'abord, elle [l'humanité] doit devenir une civilisation viable. Elle doit avoir une éthique et des principes plus élevés pour être un monde libre et avoir une quelconque liberté dans un univers où la liberté est tellement rare.

Le Plan a toujours été là. Il n'a pas changé, mais s'est seulement adapté aux circonstances changeantes et aux moments instables de grande opportunité.

Vous ne pouvez pas voir cela, vous qui vivez dans l'instant, vous qui êtes circonscrit par un monde que vous ne comprenez pas, vous qui vivez dans vos pensées, vos croyances et vos remontrances, mais qui ne pouvez pas encore sentir la grande Présence qui demeure avec vous et qui est votre Source, votre but et votre destinée.

Il est nécessaire que le monde entende la Nouvelle Révélation de Dieu. Car Dieu seul sait ce qui arrive. Dieu seul sait comment vous pouvez vous préparer. Dieu seul vous comprend mieux que vous ne vous comprenez vous-même. Dieu seul connaît la vraie condition de l'humanité et ce que l'humanité doit faire pour se sauver de l'effondrement venant de l'intérieur et du risque de domination par d'autres venant de l'extérieur.

Ne vous abritez pas derrière vos Écritures pour le nier, car il s'agit là de la continuation de l'œuvre de Dieu dans le monde. Cela accomplit le travail de Mohammed, de Jésus, de Bouddha et des autres grands enseignants – connus et inconnus, reconnus et non reconnus – dans l'histoire de ce monde, et que vous ne pouvez pas même vous représenter entièrement.

Ne soyez pas arrogants et sots, ou vous échouerez face aux Grandes Vagues de changement qui arrivent. Et vous ne vous préparerez pas à votre rencontre avec un univers de vie intelligente, une rencontre qui est déjà en cours du fait de forces qui sont ici pour profiter d'une humanité faible et sans méfiance.

Les risques s'accroissent chaque jour. La Grande Obscurité est dans le monde.

L'humanité est en train de détruire sa fondation dans ce monde avec une hâte et une bêtise sans précédent – incapable de se retenir, incapable de changer de trajectoire, incapable de subvenir aux grands besoins des gens partout, incapable de faire ce qui doit être fait pour assurer l'avenir de l'humanité dans un nouvel ensemble de circonstances, ou réticente à le faire.

Vous ne pouvez pas vous préparer vous-même. Vous n'en avez pas encore le courage. Vous n'en voyez pas encore le besoin. Vous ne reconnaissez pas encore les signes. Vous n'avez pas encore la coopération parmi vous, entre vous, entre vos nations, entre vos religions, qui descendent maintenant dans un chaos sans cesse croissant et des dissensions entre elles et même en leur sein.

Ce n'est pas que vous soyez impuissants. C'est juste que vous êtes irresponsables. Ce n'est pas que vous ne disposiez pas de certaines forces et de certaines capacités. C'est que vous êtes perdus dans un monde de peur et de désir, de conflits, de pauvreté et de privation – un monde que vous avez créé.

Vous ne pouvez pas blâmer Dieu pour cela. Vous ne pouvez pas même blâmer Dieu pour les catastrophes naturelles – les sécheresses, les ouragans, les pestes – car cela fait partie du fonctionnement de la nature, qui a été mis en mouvement au commencement des temps.

Ainsi, l'Assemblée Angélique veille sur vous et sur tous les autres ici pour voir comment vous allez vous adapter, pour voir ce que vous allez choisir. Ils vous ont donné la liberté de vivre dans la Séparation. Ils vous ont même donné la liberté d'échouer. Mais ils vous ont également donné le pouvoir et la direction pour réussir – si vous pouvez répondre, si vous pouvez répondre à cette grande guidance, si vous pouvez répondre à la Connaissance en vous, qui est toujours connectée à Dieu.

Le Seigneur de cet univers, des autres univers et de la Création, la Création intemporelle au-delà de toute manifestation physique, ne s'occupe pas de vous physiquement ou personnellement. C'est à l'Assemblée de le faire. Car il y a d'innombrables races dans l'univers, et chacune doit avoir une Assemblée pour veiller sur elle.

C'est un Plan à une échelle que vous ne pouvez pas même envisager. Si grand, si vaste, si englobant, si parfait, que Dieu seul pouvait l'établir. Seul Dieu peut récupérer ceux qui sont séparés grâce au pouvoir de la Connaissance qui a été placé en toute vie consciente.

Vous avez à présent une opportunité de comprendre ces choses dans une Révélation bien plus avancée et bien plus complète. Car vous ne comprenez pas encore comment Dieu œuvre dans le monde, œuvrant par les gens de l'intérieur vers l'extérieur – par le service, par la contribution, par le pardon et par un comportement constructif et compatissant.

Vos notions de Dieu sont nées des Enseignements de l'antiquité. Ceux-ci sont incomplets, car les gens de l'époque n'avaient pas la subtilité, la liberté ou le développement social pour comprendre la grande nature du Plan de Dieu dans ce monde et au-delà.

Les grandes religions ont maintenu l'humanité en progression, elles ont bâti la civilisation humaine, elles ont été une source d'inspiration pour d'innombrables personnes. Ne pensez pas que ces religions soient sans valeur, malgré tout ce qui a été fait en violation de celles-ci, et malgré le fait qu'elles aient été détournées et le sont encore à ce jour.

Dieu a mis la Connaissance en vous, une intelligence capable de vous guider à la perfection. Elle est connectée à Dieu. Elle n'a pas peur du monde. Elle n'est pas conditionnée par le monde. Elle n'est pas attirée par la beauté, la richesse ni le charme. Elle est seulement ici pour vous amener à un rendez-vous avec votre grande mission dans la vie et avec ceux qui vous ont envoyé – une vie de but, de sens, de relation et d'inspiration.

Mais vous êtes loin à la dérive. Si vous êtes parmi les premiers à répondre, vous devez répondre avec force. Ne vous attardez pas dans le doute, car cela est malhonnête. Dans votre cœur, vous saurez, vous comprendrez ce que Nous disons ici aujourd'hui. C'est un défi. Cela vous met au défi d'être honnête, d'être sincère et d'être sans réserve.

Le monde doit entendre la Nouvelle Révélation de Dieu. Elle n'est pas pour vous seul. Elle n'est pas pour votre édification seule. Mais vous êtes destiné à en faire partie, à la recevoir, à l'exprimer, à la partager et à aider à la traduire dans toutes les langues du monde, afin que suffisamment de personnes dans le monde puissent répondre et commencer à changer la trajectoire de l'humanité, pour évoquer le genre de responsabilités et les changements qui doivent avoir lieu pour que la famille humaine ne sombre pas dans une grave instabilité, le conflit et la guerre.

Vous ne voyez pas encore les risques auxquels vous êtes à présent confrontés. Aussi vous est-il difficile de comprendre le grand besoin qui a apporté cela au monde.

Pour cela, vous devez ouvrir vos yeux sur le monde, pas sur ce que vous voulez, pas sur ce que vous préférez, mais sur ce qui se passe vraiment ici. Vous devez devenir une personne responsable – une personne capable de répondre.

Car vous devez entendre la Nouvelle Révélation de Dieu, et vous devez lui apporter autant d'honnêteté, de sincérité et d'humilité que vous le pouvez. Elle vous renforcera dans tous les domaines. Elle apportera la résolution à votre vie. Elle vous délivrera de la honte et de l'indignité. Elle vous ramènera à vous-même et à la véritable direction que vous devez suivre, que Dieu a déjà placée en vous pour que vous la receviez maintenant.

Le Messager est dans le monde. Il est celui qui a été envoyé pour apporter cela ici. C'est un homme humble. Il n'a pas de position sociale dans ce monde. Il ne cherche pas à diriger les nations, les armées ou les groupes les uns contre les autres, car il a un Message pour le monde entier – qui pourra être soit reçu, soit rejeté.

Le temps est compté maintenant. Les Grandes Vagues de changement commencent à frapper partout, ici et là, dégradant chaque année votre infrastructure, vos sociétés, votre richesse et votre confiance en vous. Il est temps de se préparer, mais le temps est limité. Il est restreint. C'est maintenant.

Mais tout le monde n'est pas capable de répondre. Car tout le monde ne sera pas au courant de cela. Tout le monde n'est pas encore prêt pour cela. Et beaucoup se dresseront contre [le Message], protégeant leurs anciennes idées et croyances, leur richesse ou leur position dans la société. C'est regrettable, mais cela se produit toujours à une époque de Révélation.

Soyez parmi les premiers à recevoir la Nouvelle Révélation de Dieu pour le monde. Elle est de la plus grande valeur. C'est la chose la plus importante dans votre vie. Elle fera toute la différence lorsque tout le reste vous aura trahi. Elle fera toute la différence pour vous si vous pouvez la recevoir, la suivre et faire les Pas vers la Connaissance que Dieu a fournis pour vous réengager avec votre nature profonde et votre raison d'être ici.

Si l'humanité en venait à ne pas réussir à recevoir la grande Révélation, elle entrerait alors dans un état de déclin permanent – de grands conflits, de grande souffrance et de grandes pertes humaines. Car vous ne seriez pas préparés pour ce nouveau monde. Vous ne seriez pas préparés à ce qui vient, même si les signes de cela apparaissent chaque jour.

Vous essayerez de protéger vos intérêts, vos préférences, vos espoirs. Vous ne voulez pas vraiment avoir affaire aux choses qui viennent vers vous. Mais avoir affaire à ces choses vous donnera de la force, du courage et de la détermination. Sans cette préparation, vous n'aurez pas ces forces et ces capacités.

C'est une grande Révélation pour vous. C'est une grande Révélation pour l'humanité. Car elle honorera toutes les religions du monde et les unira suffisamment pour qu'elles cessent leurs conflits incessants. Vous verrez qu'elles sont toutes connectées à la base, indépendamment de ce qui a été fait d'elles au fil du temps.

Vous verrez que tous les Messagers sont venus de l'Assemblée. Et vous verrez que personne d'autre ne peut prétendre apporter de grandes Révélations dans le monde sans disposer de cette Source. Car s'il y a des prophètes en toute époque, les grands Messages ne viennent qu'à de grands tournants. Et ils apportent avec eux une toute nouvelle réalité qui pourrait changer le cours du monde et le destin d'innombrables personnes pouvant répondre au fil du temps.

Le monde a grand besoin de recevoir la Nouvelle Révélation de Dieu. Tel est votre défi. Telle est votre rédemption. Il n'y a pour vous rien de plus important à prendre en considération maintenant.

Le Messager est un homme âgé. Il ne sera peut-être dans le monde que pour quelques années encore. Si vous pouvez le rencontrer et le connaître, ce sera une grande bénédiction pour vous.

Il n'est pas un dieu, mais aucun des Messagers n'était un dieu. Il ne vous permettra pas de le louer, car toute louange doit aller à Dieu et à l'Assemblée. Il a fait ses preuves à travers la souffrance et l'isolement, par le biais de grands défis et d'une grande préparation, au-delà de la compréhension des gens autour de lui, mis à part quelques-uns.

Nous vous apportons cela, car telle est la Volonté du Ciel. C'est Nous qui avons parlé à Jésus, à Bouddha et à Mohammed. C'est Nous qui veillons sur le monde. Vous ne pouvez pas connaître Nos noms. Nos noms ne sont pas importants, car Nous parlons à la fois comme plusieurs et d'une seule voix – une réalité que vous ne pouvez accepter, vivant dans la Séparation ; pas encore.

La Volonté du Ciel est que l'humanité se prépare pour la Grande Communauté, qu'elle devienne forte et unie, et qu'elle préserve ce monde afin de ne pas tomber sous la persuasion et la domination d'autres nations qui cherchent à utiliser ce monde à leurs propres fins.

Pour la première fois dans l'histoire, les portes de l'univers sont grandes ouvertes afin que vous voyiez à quoi ressemble la vie dans l'univers autour de vous et ce que Dieu fait dans cet univers. Car pour comprendre ce que Dieu fait dans ce monde, vous devez comprendre ce que Dieu fait dans l'univers – en essence, fondamentalement – et cette connaissance est rendue disponible pour la toute première fois.

Que vos yeux soient ouverts. Que votre compréhension du monde soit vraie et honnête. Que votre évaluation de vous-même et de vos besoins soit sincère et pleine d'humilité et de sérieux. Et puisse le Don du Ciel que vous recevez maintenant – vous qui êtes si chanceux de vivre à une époque de Révélation – être vôtre pour être reconnu, reçu et donné à un monde en grand besoin.

CHAPITRE 14

L'APPEL

Tel que révélé
à Marshall Vian Summers
le 1er avril 2011
à Boulder, Colorado

Vivre à une époque de Révélation et se voir offrir cette Révélation est quelque chose de monumental. Ce sera si grand que cela changera votre vie et votre pensée, votre perception et votre compréhension de vous-même, du monde et de votre destinée. Même si vous refusez le Nouveau Message et que vous le contestez, il changera néanmoins votre vie.

Vous ne pouvez pas rencontrer quelque chose d'aussi grand sans que cela ait une incidence sur votre vie. Vous ne pouvez pas rencontrer une Révélation, telle qu'il n'en est donné qu'à des siècles d'intervalle, sans que celle-ci ait un grand impact sur vous.

Peu importe la façon dont vous réagirez peut-être sur le moment, elle ira chercher plus profondément en vous, en un endroit que vous connaissez peut-être à peine, en une partie de vous-même que vous avez seulement connue dans des moments de clarté et de grande sobriété. Elle parlera à votre profondeur par les Anciens Couloirs de votre esprit.

Si vous l'étudiez, la lisez et suivez ses indications, vous commencerez à entendre des choses et à voir des choses que vous ne voyiez pas et que vous n'entendiez pas auparavant. Vous aurez une vision plus grande et une compréhension plus globale, une compréhension qui n'est pas simplement intéressée et gratifiante pour vous-même, mais qui vous rendra capable de faire face à la réalité et d'apprécier à sa juste valeur le fait que vous soyez dans le monde en ce moment.

S'il ne s'agissait pas d'un Nouveau Message de Dieu, vous pourriez aborder cela au niveau des seules idées. Vous pourriez l'aborder comme une théorie. Vous pourriez l'aborder comme une philosophie. Vous pourriez l'aborder comme un simple enseignement parmi tant d'autres. Mais ce message est bien supérieur à tout cela.

C'est pourquoi si vous répondez, ne serait-ce qu'un tout petit peu, il aura un impact sur votre vie. Il est destiné à avoir un impact sur votre vie.

Vous êtes appelé à le recevoir, à l'étudier et à apprendre de lui. C'est seulement alors que vous réaliserez sa validité et sa grande pertinence pour le monde que vous voyez aujourd'hui et pour le monde auquel vous aurez à faire face dans les temps à venir – le grand changement qui arrive à l'horizon et tout ce à quoi l'humanité devra faire face ; les grandes épreuves et les grandes possibilités qui vous attendent.

Rencontrer la Révélation de Dieu est quelque chose de très grand – quelque chose qui dépasse vos idées, vos croyances, vos institutions, et même les idées et les croyances de votre nation, de votre culture ou de votre religion. Car celles-ci sont des inventions humaines, pour la plupart.

Mais vous rencontrez ici quelque chose qui n'est pas le produit de l'imagination ou de la créativité humaines. Vous saurez que cela est vrai à cause de l'impact qu'aura le Message.

Le Message vient de votre Source – du plus grand amour de votre vie, de la Source de votre vie, de la Source de votre nature profonde, de la Source de votre raison d'être dans le monde, qu'il vous reste à découvrir et à accomplir.

C'est la réponse aux grandes prières prononcées aussi bien récemment que tout au long de l'histoire, des prières pour la paix, pour la délivrance, pour la sagesse et pour la force.

Vous ne pouvez pas vous donner ce grand pouvoir vous-même, même si nombreux sont ceux qui ont essayé. Il doit vous être accordé par une plus grande Source – une Source qui échappe à toute définition, une Source qui ne peut être conceptualisée ou comprise par l'intellect.

Car le Créateur vit au-delà du domaine de l'intellect, tout comme la Création. Vous pouvez seulement comprendre vos circonstances immédiates et la séquence des événements, mais il existe une réalité supérieure au-delà de cela, une réalité beaucoup plus grande, en fait.

Le Nouveau Message vous demande certaines choses. Il vous demande de répondre. Il vous demande d'étudier, d'être patient et de ne pas tirer de conclusions prématurées ; de ne pas suivre vos préjugés, votre colère ou vos ressentiments. Il vous demande d'explorer, pas seulement de croire, car la croyance est faible. Elle n'est pas assez substantielle.

Vous aurez besoin d'une fondation plus grande en vous-même pour faire face à un monde qui change, et pour faire face à tout ce à quoi l'humanité devra faire face en ce temps de Révélation.

Ce n'est pas seulement un cadeau qui vous est destiné personnellement. C'est quelque chose qui est destiné à se propager par votre intermédiaire jusqu'à d'autres personnes. Si vous voulez recevoir, alors vous devez donner. Vous devez témoigner de la Révélation.

Vous devez honorer le Messager. Il n'est pas un dieu et ne permettra pas aux gens de l'adorer. Mais il est le Messager, et personne d'autre dans le monde n'a apporté un Nouveau Message de Dieu.

Il y a longtemps qu'une Révélation de cette ampleur n'a pas été donnée. Et jamais auparavant une Révélation n'avait été donnée de façon si complète, donnée aujourd'hui à un monde qui sait lire et écrire – un monde aux communications planétaires ; un monde d'une plus grande complexité ; un monde dont les besoins sont plus grands.

Vous n'en avez pas encore conscience, mais vous étiez destiné à trouver cette Révélation. Ceci n'est pas arrivé par accident ou par hasard. C'était votre destinée que de rencontrer la Nouvelle Révélation. C'était votre destinée d'en entendre parler.

C'est un grand Appel. Mais ce que Dieu veut et ce que les gens veulent sont deux choses différentes.

Vous êtes libre de répondre de la manière que vous voulez, même s'il s'agit d'un cadeau qui vous est destiné, même si cela contient la promesse de vous révéler votre destinée et votre but supérieurs dans le monde, ainsi qu'une compréhension plus grande de votre vie et des circonstances changeantes autour de vous.

Dieu ne peut pas contrôler votre réaction. Dieu ne peut pas contrôler vos pensées, vos souffrances, votre confusion, vos exhortations, vos croyances ferventes, vos plaintes, vos comportements autodestructeurs, vos erreurs et vos mauvaises décisions.

C'est ainsi parce que vous vivez dans la Séparation. Mais il y a une partie de vous qui ne s'est jamais séparée de Dieu, et c'est à cette partie que le Nouveau Message s'adressera ; c'est une partie de vous qui ne peut que répondre. C'est la chose la plus naturelle du monde. C'est votre but et votre destinée.

Si vous le recevez [le Nouveau Message], vous devez le partager avec d'autres. Et vous devez l'apporter dans votre vie, l'appliquer à votre vie de votre mieux et chercher d'autres personnes qui font de même, afin que ceux-ci puissent vous aider à devenir fort et à trouver un équilibre et un sens dans vos affaires.

Vous ne pouvez pas mettre en doute un Nouveau Message de Dieu. Vous ne feriez que vous montrer idiot aux yeux des Grands Pouvoirs si vous faisiez cela.

Vous aurez beaucoup de questions auxquelles vous ne pourrez pas répondre, et il y aura beaucoup de questions pour lesquelles vous ne pourrez effectivement pas obtenir de réponse pendant un certain temps.

Vous devez comprendre qu'il s'agit là d'un engagement plus important. Ce n'est pas une quête intellectuelle. Ce n'est pas un passe-temps ou un loisir. Le Nouveau Message n'est pas ici pour vous apporter du plaisir, du confort et de la sécurité. Il est là pour vous appeler à un grand service, dans un monde dont les besoins ne cessent de s'accroître chaque jour.

Vous avez une obligation, car vous êtes ici dans un plus grand but – un but que vous n'avez pas inventé et que vous ne pouvez pas inventer, un but qui ne vous a pas encore été pleinement révélé, un but qui est différent de vos souhaits, de vos préférences et de vos idées concernant votre vie.

Vous êtes obligé, car vous avez été envoyé dans le monde. L'obligation vit en vous. Cela fait partie de votre nature profonde, une nature profonde que Nous appelons la Connaissance.

C'est [l'obligation] le point culminant de toute étude spirituelle, dans toutes les religions. C'est ce qui vous sauvera. C'est ce qui transformera votre vie, votre perception et votre compréhension. Mais cela doit être activé par Dieu.

Vous avez la responsabilité d'être dans le monde. Vous êtes responsable envers ceux qui vous ont envoyé ici. Vous avez un rôle plus grand à jouer. Vous avez un service plus grand à rendre.

Le Nouveau Message vous rappelle votre grand but, vos responsabilités et votre devoir de rendre des comptes. Il le fait sans menace de punition ou de culpabilité. Il fait cela pour vous rétablir, pour vous sauver de votre propre souffrance et de vos propres regrets, pour vous donner les moyens de rétablir votre vie et d'apporter un équilibre ici, car vous avez un grand travail à accomplir dans le monde.

Seule une Nouvelle Révélation peut susciter un tel Appel. C'est un Appel pour le monde entier. Il n'est pas uniquement destiné à un groupe ou à une nation, à une religion ou à une partie de la société. Il commence à présent à résonner partout dans le monde.

C'est un début modeste. Le Nouveau Message vient ici comme un jeune plant, comme un enfant – pur, non corrompu par le monde, fragile, délicat, mais avec le Pouvoir de la Création derrière lui. Tant qu'il peut rester pur et que le Messager n'est pas profané, sa pureté résonnera.

Vous avez cette grande opportunité de recevoir un Message pur, une Révélation pour ce temps et pour les temps à venir.

Pensez-vous qu'il s'agisse d'un accident ? Pensez-vous que cela arrive par hasard ? Si c'est le cas, vous êtes en train de sous-estimer ce que vous recevez ici. Et vous surestimez vos propres idées et votre compréhension.

Dieu cherche à rétablir le pouvoir de l'individu, afin que ceux qui ont été envoyés dans le monde puissent apporter leur contribution à un monde dans le besoin. L'avenir du monde dépend de cela.

Votre rôle sera humble. Il ne recueillera pas beaucoup d'attention ni d'honneurs. Vous travaillerez dans les coulisses, sans fanfare ni reconnaissance. Et ce faisant, vous vous échapperez de la prison de votre propre mental, et de tout ce qui vous mène, vous afflige et vous retient.

Le Nouveau Message sera dénié et contesté. Il sera ridiculisé. Cela arrive toujours à une époque de Révélation.

Le Messager ne correspondra pas aux attentes de la population, car c'est un homme simple et humble. Il n'est pas divin et tout puissant, empreint de charme et de charisme. Quelqu'un qui aurait ces traits de caractères n'aurait jamais été choisi pour être un Messager, pour apporter un Nouveau Message de Dieu dans le monde.

Il est sans ambition. Il a été en préparation pendant très longtemps. Il lui a fallu très longtemps pour recevoir le Message, car celui-ci est très grand et exhaustif.

Il vous faudra du temps pour recevoir le Nouveau Message, car il est plus grand que ce que vous pensez, croyez et comprenez en ce moment. Il apporte une ouverture sur une vie plus grande dans le monde et vers l'avenir et le destin de l'humanité au sein d'une Grande Communauté de vie dans l'univers.

Rien de similaire n'a jamais été donné à l'humanité auparavant, mais cela doit maintenant être donné. Ce Message est maintenant crucial pour déterminer l'avenir auquel l'humanité devra faire face et ce qui en résultera.

Par conséquent, abordez-le avec humilité. Commencez à réfléchir au fait que, vous aussi, une plus grande vie vous attend et que vous ne vivez pas encore cette vie, que vous avez besoin d'une grande aide et d'une grande Révélation pour comprendre et entreprendre le voyage vers cette grande vie, pour faire les Pas vers la Connaissance et pour être guidé par une plus grande force, un plus grand courage et une plus grande détermination.

Vous étiez empreint de cette obligation avant même que vous n'arriviez dans le monde. Cette obligation vit en vous maintenant.

Les Révélations de Dieu ont le pouvoir de déclencher, d'enflammer et d'initier cette responsabilité profonde. Ne vous dérobez pas, car tout ce qui est grand et significatif sera issu de cela. Tout ce qui a du pouvoir, tout ce qui a de la compassion, tout ce qui affranchit, tout ce qui est libérateur sera issu de cela.

Dieu a planté les graines de la rédemption en vous, mais elles doivent être cultivées, et vous devez avoir l'approche et l'attitude justes. Et l'Appel doit être présent.

Telle est l'obligation. Il vous est seulement demandé d'être honnête, vraiment honnête, tellement honnête que vous êtes capable de ressentir ce que vous savez – au-delà de vos souhaits, de vos craintes et de vos préférences. Vous êtes capable de voir la vérité au-delà de ce que vous voulez et de ce que vous déniez.

Le Nouveau Message vous demande d'être honnête. La façon dont vous répondrez déterminera si vous êtes honnête et sincère.

La question n'est pas en quoi vous croyez, ni si cela s'accorde avec ceci ou avec cela. Pourquoi la Révélation de Dieu devrait-elle toujours correspondre à ce que vous pensez ou croyez ? Elle ne se conforme pas aux attentes humaines, aux conventions humaines, aux croyances établies de longue date ou à la spéculation humaine, parce que c'est un Nouveau Message de Dieu et non pas un produit des idées humaines.

Elle vous prépare à un univers non-humain. Vous ne savez absolument pas comment vous préparer à cela. Elle vous prépare à un monde dont les ressources diminuent et dont les bouleversements et les tensions s'accroissent. Vous ne savez absolument pas comment vous préparer à cela. Elle vous prépare à vivre une vie plus grande. Vous ne savez absolument pas comment y parvenir.

Dieu sait cela, bien sûr, et c'est pourquoi la grande Révélation doit maintenant être donnée, pour ce temps et pour les temps à venir, faisant appel à l'obligation qui vit en chacun – une Révélation pour ceux qui sont prêts à répondre, pour ceux en qui résident l'honnêteté et la liberté de répondre, pour ceux qui ne sont pas liés par leur idéologie religieuse, leur pensée culturelle ou la volonté et les préférences des autres.

Tel est le défi de vivre à une époque de Révélation. Vous serez confronté à vous-même – à vos forces et à vos faiblesses, et aux forces et aux faiblesses de ceux qui vous entourent. Il s'agit là d'une confrontation avec une plus grande vérité et un plus grand but.

Soyez reconnaissant que cela puisse vous être donné. Car sans cela, vous tâtonneriez à l'aveuglette dans le monde, à la poursuite de rêves et de plaisirs, vivant toujours sous la menace de la peur, la menace de la privation, le poids de votre propre mental – un mental qui n'est pas guidé par la Connaissance.

Soyez reconnaissants, car le Seigneur de tous les univers donne à l'humanité exactement ce dont elle a besoin – non pas qu'il soit répondu à toutes ses questions ou que ses objectifs et ses désirs soient satisfaits, mais il lui est donné exactement ce dont elle a besoin pour trouver sa force et pour avancer dans le monde avec une coopération et une harmonie plus grandes.

Vous êtes venu dans le monde à cette époque, pour servir dans ces circonstances. Telle est votre époque, une époque de Révélation. C'est votre moment, un moment pour exercer une honnêteté et une sincérité plus profondes.

C'est un Appel – un Appel au-delà de votre pensée et de vos idées, au-delà de vos sentiments et de vos émotions, un Appel qui s'adresse à une réalité profonde en vous.

N'essayez pas de comprendre cela. C'est au-delà de votre compréhension. Ne comparez pas cela avec d'autres choses, car vous ne réalisez pas la nature de ce que vous avez devant les yeux. Vous n'avez pas exploré, vécu et appliqué le Nouveau Message, et vous ne pouvez donc pas le juger avec sagesse, honnêteté ou sincérité.

C'est un présent pour le monde, mais il doit être donné de personne à personne. Vous devez témoigner de ce Message aux autres, trouver ceux qui sont prêts et disposés à répondre. Cela fait partie de votre but, voyez-vous. Cela fait partie de votre contribution. Cela fait partie de ce qui attend votre prise de conscience profonde.

Il était prévu que vous viviez à une époque de Révélation. La Révélation est là. Votre destin vous appelle. Toute la question est de savoir si vous êtes prêt ou non. Vous ne pouvez être responsable que de vous-même à cet égard.

Vous ne pouvez pas déterminer ce que les autres diront ou feront. C'est un défi pour vous et pour chaque personne qui a la bénédiction et l'occasion de recevoir une Nouvelle Révélation de Dieu. Ne vous inquiétez pas de ce que les autres feront ou de ce que le monde fera. C'est un Appel pour vous.

Il n'y a que Dieu qui sache comment atteindre la partie de vous la plus profonde. Vous ne pouvez pas trouver cela par vous-même. Il n'y a que Dieu qui sache comment faire émerger ce qui constitue votre contribution la plus grande et votre service le plus important. Vous ne pouvez pas faire émerger cela par vous-même.

Seule une Nouvelle Révélation préparera l'humanité à un avenir qui sera différent du passé et à sa confrontation à une réalité de la vie dans l'univers plus grande.

Soyez reconnaissant. Soyez humble. Soyez réceptif. Vous n'avez pas besoin de croire, seulement d'être témoin et de recevoir, d'apprendre et d'appliquer. Vous serez capable de voir ce qui est donné, et la démonstration vous sera faite de sa pertinence et de sa perfection au fil du temps.

L'humanité ne peut pas s'accomplir par elle-même. Une grande assistance lui est nécessaire. L'humanité ne peut pas se préparer par elle-même à l'avenir. Elle est en ce moment trop aveugle et trop arrogante. Elle ne voit pas ce qui arrive à l'horizon, pensant vivre encore dans le passé.

L'humanité ne voit pas qu'elle est en train d'émerger dans une Grande Communauté de vie dans l'univers, une Grande Communauté qui est difficile et qui vous mettra à l'épreuve, une Grande Communauté où la liberté est rare et où la concurrence est vaste et menée avec une grande habileté et une grande persuasion.

Il n'y a que Dieu qui puisse vous préparer à cela. Il n'y a que Dieu qui connaisse le cœur et l'esprit des hommes, l'âme humaine et l'histoire de l'humanité.

Vous devez accepter vos limites, afin de recevoir une plus grande compréhension. Cela fait partie de votre Appel.

Humanité, écoute Mes paroles. Nous parlons d'une plus grande réalité – une vérité plus grande qui vit en chaque personne, une vérité plus grande qui ne peut être appréhendée par un débat intellectuel ou spéculatif, une vérité plus profonde qui doit être vécue et ressentie pour être accomplie et exprimée clairement.

Écoutez Mes paroles, peuple de ce monde. Vous avez une grande destinée dans l'univers, mais vous devez faire face à un monde en déclin. Vous devez faire face aux grands bouleversements à venir. Vous devez vous unir et coopérer avec une clarté et une détermination plus grandes.

Telle est la Révélation de Dieu. C'est une Révélation au-delà de la compréhension humaine. Vous pouvez seulement l'approcher et commencer à l'apprendre, mais vous n'épuiserez jamais sa sagesse, sa clarté et son pouvoir.

TERMES IMPORTANTS

$\mathcal{L}$é Nouveau Message de Dieu révèle que notre monde est arrivé au plus grand seuil de l'histoire et de l'évolution de l'humanité. À ce seuil, un Nouveau Message de Dieu est arrivé. Il révèle le grand changement qui arrive sur le monde et notre destinée au sein de la Grande Communauté de vie au-delà de notre monde, dont nous ne sommes pas conscients et à laquelle nous ne sommes pas préparés.

La Révélation redéfinit certains termes familiers en les réutilisant dans un contexte plus large et introduit d'autres termes qui sont nouveaux pour la famille humaine. Il est important de bien comprendre ces termes lors de la lecture des textes du Nouveau Message.

DIEU est révélé dans le Nouveau Message comme étant la Source et le Créateur de toute vie et des innombrables races qui vivent dans l'univers. La grande réalité de Dieu est ainsi dévoilée dans le contexte élargi de toute vie dans ce monde et de toute vie dans l'univers. Ce contexte plus vaste remodèle notre compréhension de Dieu et de son Pouvoir et de sa Présence dans nos vies. Le Nouveau Message affirme que pour comprendre ce que Dieu fait dans notre monde nous devons comprendre ce que Dieu fait dans l'univers tout entier. Cela est à présent révélé pour la première fois par un Nouveau Message de Dieu. Dans ce Nouveau Message, Dieu n'est pas un personnage ou une conscience singulière, mais une force et une réalité omniprésentes qui imprègnent toute vie, et qui existe au-delà des frontières limitées de toute théologie ou de toute compréhension religieuse. Dieu parle à la partie la plus profonde en chaque personne grâce au pouvoir de la Connaissance qui vit en chacun.

LA SÉPARATION est l'état actuel – notre condition – dans lequel nous sommes séparés de Dieu. La Séparation a débuté lorsqu'une partie de la Création a voulu avoir la liberté d'être séparée de Dieu, de vivre dans un état de Séparation. En conséquence de cela, Dieu a créé notre monde qui évolue et l'univers en expansion comme lieu pour que ceux qui sont séparés puissent vivre sous d'innombrables formes et en d'innombrables lieux. Avant la Séparation, toute vie était dans un état intemporel de pure union. C'est à cet état originel d'union avec Dieu que tous ceux qui vivent dans la Séparation sont ultimement appelés à retourner – par le service, par la contribution et par la découverte de la Connaissance. C'est la mission de Dieu dans notre monde et partout dans l'univers que de rappeler ceux qui sont séparés grâce à la Connaissance, qui est la partie de chaque individu qui est toujours reliée à Dieu.

LA CONNAISSANCE est la profonde conscience et l'intelligence spirituelle en chaque personne, qui attend d'être découverte. La Connaissance représente la part de nous qui est éternelle et qui n'a jamais quitté Dieu. Le Nouveau Message parle de la Connaissance comme étant le grand espoir de l'humanité, un pouvoir intérieur au cœur de chaque personne, et le Nouveau Message de Dieu est ici pour le révéler et le faire émerger. La Connaissance existe au-delà de l'intellect. Elle seule a le pouvoir de guider chacun de nous vers notre but supérieur et vers les relations qui nous sont destinées dans la vie.

L'ASSEMBLÉE ANGÉLIQUE est la grande Présence Angélique qui veille sur le monde. C'est une partie de la hiérarchie de service et de relations établie par Dieu pour superviser la rédemption et le retour de toute vie séparée dans l'univers. Sur tout monde où la vie consciente existe veille une Assemblée Angélique. L'Assemblée qui veille sur notre monde a traduit la Volonté de Dieu pour notre époque en langage et en entendement humains, et cette Volonté Divine est maintenant révélée par l'intermédiaire du Nouveau

Message de Dieu. Le terme *Assemblée Angélique* et les termes
Présence Angélique et *Multitude Angélique* sont synonymes.

LE NOUVEAU MESSAGE DE DIEU est une révélation et une
communication venant de Dieu et destinée aux peuples du monde, à
la fois pour notre temps et pour les temps à venir. Le Nouveau
Message est un don du Créateur de toute vie aux personnes de toutes
les nations et de toutes les religions et représente une nouvelle étape
dans la grande expression de la Volonté et du Plan de Dieu pour la
famille humaine. Le Nouveau Message compte maintenant plus de
9 000 pages et il s'agit ainsi de la plus vaste Révélation jamais donnée
au monde – une révélation donnée maintenant à un monde qui sait
lire et écrire, dont les communications sont mondiales et dont la
conscience planétaire est en pleine expansion. Le Nouveau Message
n'est pas une ramification ni une réforme d'une tradition du passé. Il
s'agit d'un Nouveau Message de Dieu pour l'humanité, qui est
maintenant confrontée à une grande instabilité et à de grands
bouleversements dans le monde, ainsi qu'au grand seuil que constitue
son émergence dans une Grande Communauté de vie intelligente
dans l'univers.

LA VOIX DE LA RÉVÉLATION est la voix unie de l'Assemblée
Angélique, apportant le Message de Dieu grâce à un Messager envoyé
dans le monde pour cette tâche. L'Assemblée parle ici d'une seule
voix, la multitude parlant en tant qu'un. Pour la première fois dans
l'histoire, vous êtes en mesure d'entendre la Voix de la Révélation
parlant à travers le Messager de Dieu. C'est cette Voix qui a parlé à
tous les Messagers de Dieu dans le passé. La Parole et le Son de la
Voix de la Révélation sont dans le monde à nouveau.

LE MESSAGER est la personne qui est choisie, préparée et envoyée
dans le monde par l'Assemblée Angélique pour recevoir le Nouveau
Message de Dieu. Le Messager pour notre époque est Marshall Vian

Summers. C'est un homme humble, sans position sociale importante dans le monde. Il est passé par une préparation longue et difficile pour être en mesure de remplir cette mission et ce rôle d'une telle importance. Il porte à la fois un grand fardeau, une grande bénédiction et la responsabilité de recevoir la révélation de Dieu sous sa forme pure, de la protéger et de la présenter au monde. Il est le premier des Messagers à révéler la réalité de la Grande Communauté de vie intelligente dans l'univers. Le Messager est engagé dans un processus de Révélation depuis plus de 30 ans. Il est parmi nous aujourd'hui.

LE SCEAU DES PROPHÈTES est un sceau mis en place par Dieu à la fin de la vie d'un Messager. Il scelle la Révélation dans sa pureté, protégeant la communication Divine des ajouts ou des modifications. Le Sceau des Prophètes est établi par Dieu seul, et seul Dieu peut briser le Sceau lors de ces seuils dans l'évolution et l'émergence de l'humanité où Dieu choisit de parler à nouveau.

LA PRÉSENCE peut faire référence à la présence de la Connaissance en l'individu, ou bien à la Présence de l'Assemblée Angélique, ou bien, en définitive, à la Présence de Dieu. La Présence de ces trois réalités offre une expérience de grâce et de relation capable de changer notre vie, et elle peut être trouvée en suivant le mystère dans la vie, en étudiant et en pratiquant l'une des Révélations de Dieu du passé, ou la Nouvelle Révélation de Dieu pour le monde. La Nouvelle Révélation offre une voie moderne pour faire l'expérience du pouvoir de cette Présence dans notre vie.

LES PAS VERS LA CONNAISSANCE est une pratique spirituelle ancienne à présent donnée pour la première fois par Dieu à ce monde. En entreprenant ce mystérieux voyage, chaque personne est menée à la découverte du pouvoir de la Connaissance et à l'expérience d'un profond savoir intérieur qui peut la mener à son but et à son appel supérieurs dans la vie.

LA GRANDE COMMUNAUTÉ est le vaste univers de vie intelligente dans lequel notre monde a toujours existé. Cette Grande Communauté englobe tous les mondes dans l'univers dans lesquels la vie consciente existe, à tous les stades d'évolution et de développement. Le Nouveau Message révèle que l'humanité se trouve dans une phase jeune et adolescente de son développement et que le moment est maintenant venu pour celle-ci de se préparer à émerger dans la Grande Communauté. C'est ici, au seuil de l'espace, que l'humanité découvre qu'elle n'est pas seule dans l'univers, ni même dans son propre monde.

LA GRANDE OBSCURITÉ est une Intervention actuellement en cours menée par certaines races de la Grande Communauté qui sont ici pour tirer avantage d'une humanité faible et divisée. Elle a lieu à un moment où la famille humaine entre dans une période de dégradation et de désordre croissants, étant confrontée aux Grandes Vagues de changement. L'Intervention se présente comme une force bienveillante et salutaire, alors qu'en réalité son but final est de saper la liberté et l'autodétermination humaines et de prendre le contrôle du monde et de ses ressources. Le Nouveau Message révèle que l'Intervention cherche à mettre secrètement en place son influence ici, dans l'esprit et le cœur des gens, à une époque de confusion et de vulnérabilité croissantes, et de conflits grandissants. En tant que peuple autochtone de ce monde, nous sommes appelés à nous opposer à cette Intervention et à alerter et à éduquer les autres, unissant ainsi la famille humaine autour d'un grand but commun et préparant notre monde pour les défis et les opportunités de la vie dans la Grande Communauté.

LES GRANDES VAGUES DE CHANGEMENT sont un ensemble de forces environnementales, économiques et sociales convergeant à présent sur le monde. Les Grandes Vagues sont le résultat des abus que l'humanité a répétés vis-à-vis du monde, de ses ressources et de son environnement. Les Grandes Vagues ont le pouvoir de changer drastiquement la face du monde, générant une instabilité économique, un changement climatique incontrôlable, une météo violente et la perte de la terre arable et des ressources en eau potable, menaçant ainsi de créer un monde de grandes difficultés et de grandes souffrances humaines. Les Grandes Vagues ne sont pas la fin des temps ou un événement apocalyptique, mais une période de transition vers une nouvelle condition du monde. Le Nouveau Message révèle ce qui vient pour le monde et la grande préparation qui doit être entreprise par suffisamment de gens pour y faire face. Il appelle l'humanité à s'unir et à coopérer, parce que cela est absolument nécessaire pour la préservation et la protection de la civilisation humaine.

LE BUT SUPÉRIEUR fait référence à la contribution spécifique que chaque personne a été envoyée apporter dans le monde et aux relations uniques qui permettront la réalisation de ce but. La Connaissance en les individus détient leur but supérieur et leur destinée. L'intellect seul ne peut déterminer cela. Il s'agit de quelque chose qui doit être découvert, suivi et exprimé dans le service aux autres pour être pleinement compris et réalisé. Le monde a maintenant besoin de la démonstration de ce but supérieur chez bien plus de personnes qu'auparavant.

LA FAMILLE SPIRITUELLE fait référence aux petits groupes de travail formés à la suite de la Séparation pour permettre à tous les individus d'œuvrer sur une très longue période vers des états d'union et de relation plus élevés, jusqu'à leur retour final à Dieu. Votre Famille Spirituelle représente les relations que vous avez restaurées grâce à la Connaissance durant votre long voyage à travers la Séparation. Certains membres de votre Famille Spirituelle sont dans le monde et certains sont au-delà du monde. Les Familles Spirituelles font partie du Plan mystérieux de Dieu pour libérer et réunir tous ceux qui vivent dans la Séparation.

L'ANCIENNE DEMEURE fait référence à la réalité de la vie que vous connaissiez avant d'entrer dans le monde et à laquelle vous retournerez après votre vie dans le monde. Votre Ancienne Demeure est un état de connexion et de relation avec votre Famille Spirituelle, avec l'Assemblée et avec Dieu.

LE MESSAGER

Marshall Vian Summers est le Messager du Nouveau Message de Dieu. Durant plus de trente ans, il a reçu une vaste nouvelle révélation, donnée pour préparer l'humanité à de grands changements économiques, sociaux et environnementaux qui arrivent sur le monde, ainsi que pour préparer l'humanité à son émergence dans un univers de vie intelligente.

Durant l'automne de 1981, à l'âge de 32 ans, Marshall Vian Summers fit une rencontre directe avec l'Assemblée Angélique qui l'avait guidé et préparé pour son rôle et sa vocation futurs. Cette rencontre modifia à jamais le cours de sa vie et l'initia à une relation profonde avec l'Assemblée requérant qu'il voue sa vie à Dieu.

À la suite de cette mystérieuse initiation, durant les quelques années qui suivirent, il reçut les premières révélations du Nouveau Message de Dieu. C'est ainsi qu'au cours de plusieurs décennies, une vaste Révélation pour l'humanité émergea, parfois lentement, parfois tel un torrent. Marshall dut avancer, durant de nombreuses et longues années, avec pour seul soutien celui de quelques rares individus, ne sachant pas ce que cette Révélation grandissante signifiait, ni là où elle le mènerait. Ainsi commença le long et mystérieux processus par lequel il reçut le Nouveau Message de Dieu pour l'humanité.

Le Messager a parcouru une route longue et difficile pour recevoir et présenter la plus large Révélation jamais donnée à la famille humaine. Aujourd'hui encore, la Voix de la Révélation continue de s'exprimer à travers lui, alors même que se pose le grand défi d'apporter la Nouvelle Révélation de Dieu à un monde troublé et divisé.

Lisez et écoutez l'histoire du Messager :
newmessage.org/story

Écoutez et regardez les enseignements du Messager pour le monde :
newmessage.org/messenger

La Voix de la Révélation

Pour la première fois dans l'histoire, vous pouvez entendre l'enregistrement d'origine de la Voix de la Révélation, une Voix telle que celle qui a parlé aux prophètes et aux Messagers du passé, et qui s'exprime maintenant à nouveau à travers un nouveau Messager qui est dans le monde aujourd'hui.

Cette Voix n'est pas la Voix d'un simple individu, mais celle des membres de l'Assemblée Angélique toute entière parlant ensemble d'une seule voix. Ici Dieu communique au-delà des mots à l'Assemblée Angélique qui traduit ensuite le Message de Dieu en des mots et un langage humains que nous pouvons comprendre.

Les révélations de ce livre ont été à l'origine parlées de cette manière par la Voix de la Révélation, à travers le Messager Marshall Vian Summers. Ce processus de Révélation Divine s'est déroulé depuis 1983. La Révélation continue à ce jour.

———————⌒———————

Pour entendre la Voix de la Révélation, qui est la source
du texte contenu dans ce livre et dans
le Nouveau Message tout entier, veuillez visiter
newmessage.org/experience.

Vous y trouverez les enregistrements audio de la
Voix mis à disposition de tous.

À PROPOS DE LA COMMUNAUTÉ MONDIALE DU NOUVEAU MESSAGE DE DIEU

Le Nouveau Message de Dieu est partagé par des gens partout dans le monde. Dans plus de 90 pays et dans au moins 23 langues, une communauté mondiale d'étudiants s'est formée pour recevoir et étudier le Nouveau Message et pour soutenir la mission du Messager et de la *Society*.

Découvrez la communauté mondiale des hommes et des femmes qui étudient et vivent le Nouveau Message de Dieu et qui entreprennent les Pas vers la Connaissance vers une nouvelle vie.

Prenez part à la communauté mondiale des pionniers d'un nouveau chapitre de l'expérience humaine. Le Nouveau Message a le pouvoir d'éveiller l'intelligence supérieure qui dort en chacun de nous et d'apporter une inspiration et une sagesse nouvelles dans la vie des gens de toutes les nations et de toutes les religions.

Écoutez la Voix de la Révélation évoquer le but et l'importance de la communauté mondiale :
newmessage.org/theworldwidecommunity

Découvrez les outils à la disposition de la communauté mondiale pour approfondir le Nouveau Message :

Forum - newmessage.org/forum
Free School - newmessage.org/school
Événements internationaux - newmessage.org/events
Rassemblement annuel - newmessage.org/encampment

Bibliothèque en ligne et plan d'étude - newmessage.org/experience
Version francophone – www.NouveauMessagedeDieu.org

À PROPOS DE LA *SOCIETY FOR THE NEW MESSAGE*

Fondée en 1992 par Marshall Vian Summers, la *Society for the New Message from God* (la Société pour le Nouveau Message de Dieu) est une organisation religieuse indépendante à but non lucratif qui est principalement soutenue par les étudiants du Nouveau Message et qui ne reçoit aucun revenu ni aucune subvention de gouvernements ou d'organisations religieuses.

La mission de la *Society* est de porter le Nouveau Message de Dieu dans le monde pour que chacun puisse y avoir accès, et afin que l'humanité puisse trouver son terrain d'entente, préserver la Terre, préserver sa liberté et faire avancer sa civilisation, alors même que nous arrivons au seuil de changements sans précédent.

Marshall Vian Summers et les membres de la *Society for the New Message from God* ont reçu l'immense responsabilité d'apporter le Nouveau Message dans le monde. Les membres de la *Society* sont un petit groupe d'individus dévoués qui ont dédié leur vie à l'accomplissement de cette mission. C'est pour eux à la fois un fardeau et une bénédiction et ils s'impliquent entièrement dans ce grand service à l'humanité.

LA *SOCIETY FOR THE NEW MESSAGE*

Pour nous contacter :

P.O. Box 1724 Boulder, CO 80306-1724
(303) 938-8401
(800) 938-3891
011 303 938 84 01 (International)
(303) 938-1214 (fax)
society@newmessage.org
newmessage.org

alliesofhumanity.org
newknowledgelibrary.org

Retrouvez-nous sur les réseaux sociaux :

youtube.com/thenewmessagefromgod
facebook.com/newmessagefromgod
facebook.com/marshallsummers
twitter.com/godsnewmessage

www.ingramcontent.com/pod-product-compliance
Lightning Source LLC
Chambersburg PA
CBHW022020090426
42739CB00006BA/224